Le déni lesbien

Sarah Jean-Jacques
Sophie Pointurier

Préface de Christine Bard

Le déni lesbien

Celles que la société met à la marge

HarperCollins

HARPERCOLLINS FRANCE
83-85, boulevard Vincent-Auriol, 75646 PARIS CEDEX 13
Tél. : 01 42 16 63 63

www.harpercollins.fr

ISBN 979-1-0339-1577-5

Sommaire

Préface

La visibilité contre le déni : tel est l'enjeu. Tel est *encore* l'enjeu. Ce sont des lesbiennes, plutôt jeunes et bien informées par leur expérience, qui le disent, dix ans après le « mariage pour tous » et dans la fureur de la vague féministe portée par #MeToo. L'importance d'avoir des modèles se fait sentir tôt et ne nous quitte pas : nous avons besoin de connaître des « lesbiennes historiques » et de vibrer avec des lesbiennes d'aujourd'hui : chanteuses, avocates, sportives, élues, journalistes, écrivaines… Donner la parole à des « personnalités », tel est le choix fait par Sarah Jean-Jacques et Sophie Pointurier. Les vingt lesbiennes qui témoignent transmettent leur expérience de lesbiennes ordinaires, largement partagée[1], mais ont aussi un vécu spécifique de surexposition médiatique. Chacune est un carrefour, recevant et envoyant des messages qui comptent. La plupart sont engagées – lesbiennes publiques en quelque

1. Élodie Font, *À nos désirs. Dans l'intimité des lesbiennes*, Paris, La Déferlante, 2024.

sorte – assumant ce rôle essentiel qu'elles articulent à des activités militantes ou professionnelles. Elles le font en mesurant les risques encourus.

À l'avers de la médaille, l'inexistence lesbienne, au revers, une survisibilité terriblement problématique. L'hypersexualisation des lesbiennes dans les imaginaires marqués par la culture porno fait dérailler les représentations. « Lesbienne » reste donc une identité difficile à assumer. Chaque génération doit apprivoiser l'étiquette « moche en bouche » (Aloïse Sauvage, rapportant ses premiers ressentis du mot « lesbienne »). Assumer, c'est déjà un peu militer, en se préparant à riposter aux clichés[1] et à affronter les discriminations. Au moins les connaît-on mieux ; elles ont un nom que les luttes militantes des années 1990 ont su imposer : la lesbophobie[2].

Vous serez peut-être surpris·e que les personnalités interviewées pour ce livre ne soient pas plus nombreuses – vingt sur cinquante contactées – et que les plus jeunes n'aient pas la vie plus facile que leurs aînées. Ce recueil de témoignages aide justement à comprendre les raisons de la persistance du déni lesbien et à saisir ce qu'il a de français : l'universalisme républicain n'a pas appris à gérer les différences. Un déni, au sens de geste inconscient.

1. Stéphanie Arc, *Identités lesbiennes : en finir avec les idées reçues*, Paris, Le Cavalier bleu, 2015.

2. Raymonde Gérard, « Lesbophobie », Louis-Georges Tin dir., *Dictionnaire de l'homophobie*, Paris, Puf, 2023, p. 262-264.

L'envie de protéger le sacro-saint citoyen abstrait hérité de la Révolution. Mécanisme de défense, oui : d'un patriarcat que le militantisme lesbien a dévoilé comme un hétéropatriarcat, depuis quelques décennies, autant dire une seconde au regard de l'histoire de l'humanité.

L'effacement des lesbiennes se situe – il faut le rappeler – dans un contexte de domination masculine qui invisibilise les femmes en général. L'antiféminisme dans la lesbophobie est puissant, identifiant dans la liberté incarnée par les lesbiennes une émancipation à réprimer. Cela ne date pas de Zemmour. Exemple parmi d'autres, un auteur antiféministe estimait déjà, au début du XXe siècle que « le féminisme, qui était au début la monomanie de l'égalité, est devenu l'apologie de l'instinct bestial. Il exhale une odeur équivoque de luxure. L'une de nos plus éhontées féministes, une certaine Renée Vivien, ne s'est-elle pas faite, dans un livre de mauvais vers, que les femmes riment dans leurs moments éperdus, la prêtresse moderne des “amours lesbiennes” ? Cette Sapho mêle sans cesse à son “lyrisme” des déclarations féministes[1] ».

C'est une des originalités de ce livre d'insister sur les violences lesbophobes. Les citations sont édifiantes et la France n'est pourtant pas le pire pays au monde pour les lesbiennes. On doit aux autrices la création de l'Observatoire de la lesbophobie, qui leur donne une

1. Théodore Joran, *Au cœur du féminisme*, Paris, Savaète, 1908, p. 27.

vision large, informée par des centaines de témoignages d'agressions. C'est le droit le plus élémentaire à la sécurité et au respect qui est encore et encore bafoué. Toutes les lesbiennes contrôlent jour après jour leurs faits et gestes dans l'espace public : Sarah Jean-Jacques a fait de cette charge mentale le sujet de sa thèse. Certaines sont plus que d'autres visées par « l'intersectionnalité des haines[1] », notamment les lesbiennes racisées. La brutalité des faits est là, glaçante, dans les récits recueillis. Le courage des victimes de ces agressions est vraiment admirable, et ce livre est aussi une façon sororelle d'exprimer compassion et solidarité.

Notre histoire est faite de ce double mouvement d'invisibilisation et de stigmatisation, d'une part, et de résistances d'autre part. Les chemins sont multiples, situés dans des conjonctures historiques qui dessinent des contraintes spécifiques. Nous avons beaucoup à apprendre de celles qui pour se protéger ont vécu dans le demi-secret, créant leurs codes, leurs lieux, volontairement en marge. Cette recherche de l'entre-soi reste d'ailleurs d'actualité. Mais nous héritons plus directement de la révolution sexuelle des années 1960-1970 et des luttes pour l'égalité des droits. Le stigmate est joyeusement retourné par les Gouines rouges (1971). Et depuis, nous mesurons les progrès accomplis : initiatives militantes, conquêtes législatives…

1. Christine Bard, Mélissa Blais, Francis Dupuis-Déri dir., *Antiféminismes et masculinismes d'hier et d'aujourd'hui*, Paris, Puf, 2019, p. 22.

Plusieurs générations ont contribué à faire vivre une véritable culture lesbienne. Elle nous redonne un passé, c'est un vaste chantier de recherche, symbolisé ici par la figure de la peintre Rosa Bonheur. Une plus grande diffusion de cette culture, dans toutes ses dimensions, ses couleurs et ses tonalités, ses contradictions, est une nécessité pour rompre le déni et offrir des repères, des joies, des rires, des espaces de réflexion et de solidarité.

Le « déni lesbien » fait un clin d'œil au « génie lesbien », le mémorable essai de 2020. Alice Coffin y revient sur le torrent de boue qui s'est déversé sur elle, avec cette accusation de misandrie si typique des discours lesbophobes-antiféministes. Mais retenons la force et le succès de son message. Comme les autres lesbiennes du chant choral formé dans ce livre, elle répare le préjudice, l'isolement, la honte sociale, l'impression de ne compter pour rien, même si l'on parle pour la France d'une communauté équivalente à la population de Toulouse (une comparaison bien trouvée, l'histoire du lesbianisme militant dans la Ville rose étant particulièrement riche). Photos, livres, chansons, films, plaidoiries, discours, performances sur scène ou au stade : autant d'actions qui dégagent une formidable énergie politique. Ce sont des actions créatives : le sujet minoritaire y est contraint, pour respirer. Être « out », cet « immense bonheur de se présenter au monde telle que l'on est », cela se partage. La « fierté lesbienne » se raconte dans ce livre à vingt voix utiles, fortes et sincères, qui s'ajoutent à toutes celles qui dans l'histoire des lesbiennes se font entendre si nous les écoutons. Unies contre le déni, un beau défi !

Christine Bard

Professeure d'histoire contemporaine à l'Université d'Angers – Spécialiste de l'histoire des mouvements féministes et de l'histoire culturelle du genre

En France, le mot « lesbienne » dérange. Il cristallise les tensions, il est saturé de préjugés et de stéréotypes. On le contourne autant que possible. Pourtant, « Je suis lesbienne » devrait être une phrase aussi banale que « J'ai un enfant », « Je suis bretonne » ou « J'ai trente-sept ans ». C'est une information qui situe une personne dans la société. Hélas, on sait bien à quoi il renvoie : les lesbiennes font aussi peur qu'elles nourrissent les fantasmes hétérosexuels et pornographiques. Saviez-vous par exemple que le mot « lesbienne » est dans le top 3 des recherches effectuées sur Pornhub[1] ? C'était encore la catégorie la plus consultée en 2023 dans tous les pays. Jusqu'à il y a peu, quand on tapait ce terme dans la barre de recherche Google, on voyait systématiquement apparaître une déferlante de contenus pornographiques,

1. Les statistiques de Pornhub peuvent être consultées depuis 2013 sur le site. La catégorie « lesbienne » était la plus consultée en 2015, 2016, 2017, 2018 et 2022.

et c'est grâce au travail du collectif SEO lesbienne[1] que cette entrée est désormais mieux référencée. Le 18 juillet 2019, le moteur de recherche a finalement modifié son algorithme, et des contenus informatifs s'affichent désormais en première page. Mais tout n'est pas encore gagné : le hashtag #lesbienne est toujours étrangement censuré sur la plupart des réseaux sociaux.

Si vous êtes hétéro et que vous ressentez une gêne en lisant ces lignes, ou que vous ne savez pas comment réagir quand le mot « lesbienne » est prononcé dans une conversation, ce n'est pas surprenant.

En réponse à ce que l'on a longtemps qualifié d'aveu – avouer son lesbianisme comme on avoue une faute –, il arrive encore que les hétéros affichent un rictus embarrassé, accompagné d'un « tu sais, je m'en fiche, moi, que tu sois lesbienne » ou « ça te regarde, c'est ta vie privée », comme si on venait de leur annoncer qu'on prévoyait un plan à trois jeudi prochain. Imaginez-vous simplement à la machine à café avec un collègue à qui vous venez de dire que vous avez deux enfants et que celui-ci hausse

1. SEO : Search Engine Optimization, soit « optimisation pour les moteurs de recherche » en français. C'est l'ensemble des techniques mises en œuvre pour améliorer la position d'un site web sur les pages de résultats des moteurs de recherche. SEO lesbienne est un collectif créé en 2019 pour que le mot « lesbienne » soit mieux référencé en ligne et ne renvoie plus à du contenu pornographique.

les épaules en lâchant avec désinvolture : « Je m'en fous de tes mômes, tu fais bien ce que tu veux de ta vie. » Et, d'ailleurs, les gens ne s'en foutent pas *vraiment* puisque cette information sera le plus souvent répétée : « Caro est lesbienne, tu savais ? On dirait pas comme ça ! » Cette simple phrase changera à jamais la façon dont le monde percevra Caro : ce sera la gouine, la goudou, la lesbienne. Caro faisait la gueule ce matin ? Normal, c'est une gouine. Caro a fait un compliment à sa collègue ? Attention, elle la drague… elle est lesbienne !

C'est fou comme le monde se crispe quand on parle des lesbiennes. Ces neuf lettres renvoient toujours un peu à la honte, au sale, à la transgression, à la râleuse, la baisable à trois ou la pas baisable du tout, voire tout ça en même temps, et les années qui passent ne changent rien au stigmate. Ce mot reste une sentence sociale.

Face au témoignage de Muriel Robin sur le plateau de Léa Salamé, vous lèverez peut-être un sourcil à la façon de Pierre Arditi : « Quand on est homosexuelle, on n'est pas désirable, on n'est pas pénétrable et, quand on n'est pas pénétrable dans cette société et dans le cinéma, on ne vaut rien[1]. » Elle ajoute qu'elle en a subi les conséquences et les dénonce froidement : « Il faut dire aux jeunes comédiens et comédiennes [gays et lesbiennes] que ce n'est pas la peine qu'ils fassent ce métier, ils ne

1. Propos tirés de l'émission *Quelle époque !* présentée par Léa Salamé, datant du 16 septembre 2023.

travailleront pas, ils ne feront pas de cinéma[1]. » Elle est la seule actrice et comédienne populaire au monde à en parler publiquement, en rappelant au passage que Jodie Foster s'est cachée pendant trente ans, que Kristen Stewart a un collier d'immunité dû à son histoire avec Robert Pattinson et qu'Ellen DeGeneres n'a plus jamais fait de cinéma après son coming out. Pierre Arditi réagit sur le plateau en secouant la tête et en lui déclarant qu'elle se trompe. Il ne le fait pas méchamment, il ne se rend pas compte de ce qu'elle vit en tant que lesbienne, comme l'oncle ou la copine hétéro qui tempèrent en disant qu'on exagère. Les hétéros réagissent souvent de la même manière, ils sont au rendez-vous pour défendre leur groupe de pairs parce qu'ils se sentent personnellement mis en cause, et Arditi n'échappe pas à la règle. La vérité que lui explique Muriel Robin en tant qu'actrice lesbienne – donc depuis un endroit privilégié pour observer les mécanismes lesbophobes qui touchent le cinéma – lui est sûrement inaudible, et il ne lui vient pas à l'idée qu'il appartient malgré lui à un système qui rejette les gays et les lesbiennes. Alors il minimise :

— J'entends, et c'est terrible, mais je m'inscris en faux, parce qu'il y a quelque chose qui est encore plus grave que tout cela : c'est que les gens de cinéma n'ont aucune imagination ! Moi, je te connais depuis plus de quarante ans, et je ne comprends pas pourquoi tu ne fais pas de

1. *Ibid.*

cinéma, et je ne veux pas croire que c'est parce que tu es homosexuelle.

— Mais, moi, j'en suis sûre ! le coupe Muriel Robin.

— Peut-être, concède-t-il, mais c'est parce qu'ils ne savent pas quoi faire de toi, et pourquoi ils ne savent pas quoi faire de toi ? Parce que ce sont des cons !

Le plateau applaudit, le public rit, l'ambiance est sauve, mais sa tirade vient malgré tout mettre à mal le témoignage de son amie de longue date avec toute la naïveté de ceux que la norme n'a jamais blessé ni mis à la marge.

Nous étions en pleine rédaction de cet ouvrage lorsque l'émission a été diffusée, et elle est venue réveiller des peurs que nous pensions dépassées depuis longtemps. La façon dont les gens ont réagi face au témoignage de lesbophobie de cette grande actrice nous a dépitées. La France entière a semblé s'offusquer pendant plusieurs jours, sans vraiment y croire, comme cet article de *Marianne* titré « Quand Muriel Robin confond homosexualité et talent[1] ». Même la gauche s'est étonnée du problème, on entendait çà et là dans les médias « l'homophobie, c'était avant », « Jean Marais a fait une belle carrière », « il y a des combats autrement plus importants »...

Cette séquence télévisuelle nous a rappelé brutalement à quel point il y avait un déni collectif à double entrée sur

1. Publié le 19 septembre 2023 sur le site de *Marianne*.

le sujet : le déni d'existence des lesbiennes et le déni des violences qu'elles subissent.

Elle est également venue réactiver la tension générée par des années de médiatisation intense de La Manif pour tous, lorsque la presse offrait un boulevard honteux à la parole homophobe. La démarche de Muriel Robin nous est alors apparue comme une brèche inespérée, une porte ouverte grâce à laquelle il était enfin envisageable de parler du sujet. Nous avons décidé d'apporter, nous aussi, notre pierre à l'édifice – même si on sait qu'il risque à tout moment de s'écrouler.

Introduction

Être lesbienne est une des facettes de notre existence, une parmi tant d'autres, et elle ne saurait entraver notre carrière, notre désir d'être et de contribuer au monde. Pourtant, c'est bien le cas, et les formes de cet empêchement sont nombreuses. Être lesbienne est en effet un aspect paradoxalement déterminant de notre personnalité dans la mesure où une vie passée en dehors du cadre hétérosexuel, associée aux jugements portés continuellement sur le lesbianisme, nous relègue à la marge.

Nous sommes donc lesbiennes, mais Sarah est aussi universitaire, sociologue, métisse, jumelle, habile devant un public d'ados et sportive (même si elle fume en sortant de la salle de sport). Sophie est autrice, enseignante-chercheuse, traductologue, réservée, mère et apprentie yogi (et elle fume aussi).

Malgré ces quelques traits piochés au hasard de nos deux personnalités, nous expérimentons comme toutes les lesbiennes (et par extension comme toutes les personnes minorisées) cette façon d'être perçues par les Uns comme

Autres, cet étiquetage qui nous fige dans une seule et unique catégorie, comme si tout le reste n'avait plus aucune importance. Et, une fois que nous sommes identifiées, étiquetées, la violence n'est jamais loin.

Nous avons toutes les deux vécu ce que vivent les lesbiennes en général : Sarah a été harcelée adolescente, traitée à diverses reprises de « sale lesbienne », de « gouine », et a reçu des appels injurieux anonymes pendant une longue période. Sophie, sensiblement au même âge (mais à une autre époque), a été agressée physiquement à l'occasion de son premier baiser lesbien. Comme tant d'autres, nous connaissons les insultes dans la rue, le risque encouru lors de démonstrations d'affection en public (demandez à un couple de femmes ce qui se passe lorsqu'elles se tiennent simplement la main dans la rue), les regards insistants, les remarques dégradantes, les coming out répétés à chaque nouvelle interaction (non, ce n'est pas la peine de nous présenter Stéphane pour nous caser). La liste est longue.

Nous nous sommes rencontrées toutes les deux il y a six ans. À ce moment de nos existences, nous avions chacune envie de réfléchir à ce que nous vivions, comme si nous emparer du phénomène allait nous aider à le mettre à distance symboliquement et, nous l'espérions, affectivement.

En universitaires, nous avons cherché des chiffres, des écrits. C'est sans surprise que nous avons constaté que cela avait suscité peu d'intérêt, que ce soit dans le milieu de la recherche ou dans d'autres plus formels (associatifs, institutionnels, politiques, etc.), malgré le caractère d'utilité publique de ce sujet. Rares sont les données existantes sur les violences faites aux lesbiennes. Pour preuve, le mot même de « lesbophobie » est apparu dans le dictionnaire il y a moins de dix ans.

À cette époque, nous étions en plein #MeToo, et les dénonciations des violences sexistes et sexuelles explosaient dans les médias et sur les réseaux sociaux. Dans cette libération collective de la parole, il nous a semblé qu'un espace manquait aux lesbiennes, parce qu'elles se retrouvent à la croisée de plusieurs discriminations potentielles : c'est parfois du sexisme, parfois de la lesbophobie, parfois du racisme, bien souvent les trois en même temps (la liste est malheureusement non exhaustive), et il n'est pas rare que les lesbiennes elles-mêmes éprouvent quelques difficultés à identifier le type de violences auquel elles sont exposées.

C'est en réaction à cette absence de données que nous avons créé en 2018 le Tumblr Paye Ta Gouine (inspiré de Paye Ta Shnek[1]) pour recenser des témoignages de lesbophobie.

1. Tumblr créé en 2012 par la militante féministe Anaïs Bourdet pour recueillir et diffuser des témoignages de femmes exposées au harcèlement de rue.

Lesbophobie, n. f. : attitude d'hostilité, de discrimination envers les lesbiennes.
(*Le Petit Robert*)

Le mot « lesbophobie » a été prononcé pour la première fois officiellement en 1998 à l'initiative de la Coordination lesbienne en France pour désigner une forme d'homophobie spécifique vécue par les lesbiennes. Cette notion est proposée en réaction à la neutralité relative du terme « homophobie », qui invisibilise les violences et les discriminations qui touchent les lesbiennes. Selon Suzette Robichon, autrice et militante féministe lesbienne, « le terme "lesbophobie" est apparu dans un souci d'élargir la notion d'homophobie, rendant plus visibles la haine et l'aversion éprouvées envers les lesbiennes. Tout comme l'homophobie, la lesbophobie s'enracine dans le fait que l'hétérosexualité est imposée comme seule sexualité normale, et dans le sexisme qui en découle, avec cependant une dimension spécifique due à l'oppression des femmes[1] ».

Si le mot « homophobie » a fait son entrée dans le dictionnaire en 1998 en adoptant un point de vue centré sur les hommes gays, le mot « lesbophobie » a fait la sienne en 2015 dans l'édition imprimée du *Petit Robert*.

1. Suzette Robichon, « Lesbophobie », *in* Didier Eribon (dir.), *Dictionnaire des cultures gays et lesbiennes*, Larousse, Paris, 2003, p. 291.

La lesbophobie n'est pas une addition du sexisme et de l'homophobie, mais l'expression d'un ensemble de rapports de pouvoir qui s'entremêlent, que sont le sexisme et l'hétérosexisme[1]. La lesbophobie s'inscrit dans le continuum des violences sexistes et sexuelles.

Seules deux enquêtes publiées en 2008 et 2015 par SOS homophobie se sont emparées des violences vécues par les lesbiennes. En 2022, nous avons décidé de faire évoluer notre projet initial en créant l'Observatoire de la lesbophobie[2]. Nous y analysons les mécanismes et les différentes manifestations de la lesbophobie. C'est un espace de documentation et de ressources en ligne à destination des lesbiennes, mais aussi un espace d'information et de sensibilisation utile à l'ensemble de la société.

Depuis six ans maintenant, nous avons recueilli plus de 600 témoignages d'agressions verbales et physiques, envoyés par des lesbiennes de la France entière, mais aussi du Canada, de Suisse et de Belgique francophone. Nous les avons classés, analysés et mis en ligne. Et puis, à force

1. La notion d'hétérosexisme insiste sur le fait que l'hétérosexualité repose sur une vision binaire de la société, laquelle considère qu'il n'y a que deux sexes/genres complémentaires (hommes et femmes) et hiérarchisés (sexisme). Dans ce cadre, l'hétérosexualité est érigée en tant que norme et considérée comme la seule sexualité normale, supérieure et conforme à la nature, alors que l'homosexualité est jugée inférieure, anormale ou pathologique.
2. Vous trouverez plus d'informations à ce sujet à la fin de cet ouvrage.

de classer, analyser, l'idée (ou le besoin) de changer d'angle et de support s'est imposée. Face à cette lesbophobie manifeste, un livre choral sur la condition lesbienne nous a paru utile, non seulement aux lesbiennes mais aussi à leur famille, leurs amis, et pourquoi pas au reste de la société.

C'est avec ce projet en tête que nous sommes parties à la recherche de lesbiennes *out* connues, des lesbiennes qui étaient susceptibles de servir de modèles. On voulait comprendre leurs parcours et ce qu'elles avaient dû traverser, et s'il y avait un « avant » et un « après » leur exposition médiatique en tant que lesbiennes. La somme de leurs expériences pouvait nous donner une image plus complète des conséquences positives comme négatives d'un coming out médiatique lesbien. Car c'est là que tout se joue : la manière dont cette information risque d'être reprise par les médias et par la société tout entière a, par effet de ricochet, des conséquences sur la vie de beaucoup d'autres lesbiennes, jeunes, moins jeunes, connues ou non.

Où sont les lesbiennes ?

Est-ce que vous auriez envie de vous reconnaître en tant que lesbienne, en 1999, alors que vous voyez Amélie Mauresmo être moquée à la télé par la France entière dans *Les Guignols de l'info,* qui la représentent en homme à biceps, et alors que Martina Hingis dit d'elle lors du tournoi de Melbourne « Je sais qu'elle est venue ici avec sa petite amie, en fait, elle est moitié homme ! » et que Lindsay Davenport renchérit « Parfois j'ai vraiment l'impression de jouer contre un garçon[1] » ?

Et est-ce que vous souhaiteriez vous dire lesbienne, en 2020, alors que vous observez Hoshi, jeune chanteuse française ouvertement lesbienne qui fait un tabac auprès des ados, se prendre une vague de harcèlement lesbophobe après avoir embrassé une danseuse sur scène lors d'une performance aux Victoires de la musique ? Le chroniqueur Fabien Lecœuvre se permettra d'ailleurs en direct une critique sur son physique avec un odieux « elle est effrayante[2] ». Et cela ne s'arrête évidemment pas là. Elle-même raconte : « J'ai reçu des milliers de menaces de mort. Du coup, j'ai (re)porté plainte. C'est l'histoire de ma vie[3]. »

Plus de vingt ans séparent ces événements très médiatiques. Pourtant, dans ce laps de temps, les lois sur le mariage pour tous et la PMA ont été adoptées, Virginie Despentes a fait son coming out en prononçant plus de fois le mot « lesbienne » dans ses interviews qu'aucune autre personnalité avant elle, et *Portrait de la jeune fille en feu* de Céline Sciamma est devenu le film culte de toute une génération. On aurait pu naturellement penser que la

1. « Coming out d'Amélie Mauresmo : polémique », *13 heures le journal*, diffusé le 29 janvier 1999 – vidéo disponible sur le site de l'INA.
2. Propos tenus le 7 avril 2021 sur la web radio Arts-Mada.
3. Dans l'émission *Ça fait du bien* sur Europe 1, diffusée le 17 mai 2021.

société allait accueillir les lesbiennes, que celles-ci allaient enfin accéder au rang des personnalités grand public et qu'être lesbienne, comme le disent souvent les hétéros, « ce n'est plus un problème ».

Alors, si ce n'est plus un problème, où sont les lesbiennes dans l'espace public ? Parce qu'on en a cherché pour ce livre. Où sont les actrices lesbiennes connues (en dehors d'Adèle Haenel, qui a fui le système pour sauver sa peau) ? Où sont les réalisatrices, les journalistes télé, les écrivaines, les metteuses en scène, les sportives, les chercheuses, les influenceuses, les politiques, les présentatrices, les artistes, les polémistes, de gauche comme de droite[1] ?

Nous empruntons ici la question que se posent deux journalistes, Carole Cassier et Anna Polonyi, dans leur documentaire sur Rosa Bonheur[2] : « Pouvez-vous citer dix lesbiennes connues, vivantes ou mortes, françaises ou étrangères ? »

Vous avez le droit de compter celles qu'on a citées plus haut.

Alors, avez-vous réussi à en trouver d'autres ?

Bien souvent la réponse est non, et c'est la raison même de ce livre. Il semblerait qu'un vent particulier contraint encore aujourd'hui les lesbiennes à ne pas s'aventurer trop loin du placard, dans une zone grise où l'invisibilisation

1. Parce que les lesbiennes ne sont pas toutes de gauche ni écolos…

2. *Le Cas Rosa Bonheur* est une websérie écrite et réalisée par Carole Cassier et Anna Polonyi en 2022, et disponible sur YouTube.

reste la stratégie privilégiée pour ne pas subir d'éventuels retours de bâton. C'est ce rapport complexe entre visibilité, enjeux, gains et dommages que nous voulons explorer ici, grâce aux personnalités lesbiennes qui ont bien voulu nous accorder de leur temps et que nous remercions chaleureusement.

Trouver des personnalités françaises lesbiennes a donc été notre point de départ. On a listé Amélie Mauresmo, bien sûr, Muriel Robin, Virginie Despentes, Pomme, Alice Coffin et Hoshi. On comptait donc au moins six personnalités lesbiennes qui étaient exposées médiatiquement et plutôt ouvertes sur le sujet, sur une population générale française de plus de 68 millions d'habitants. C'est quand même très peu.

Devant ce chiffre, une question nous revenait sans cesse en tête : y avait-il un lien de cause à effet entre la violence des témoignages lesbophobes que nous recevions depuis six ans et le peu de lesbiennes présentes dans le paysage médiatique ? Nous soupçonnions évidemment que oui. Mais on ne mesurait pas à quel point.

Nous avons alors mené l'enquête pour identifier les personnalités qui en parlaient publiquement, avec précaution ou sans détour. Notre position d'*insiders* était un atout, on en connaissait déjà pas mal et, de fil en aiguille, nous avons établi une première liste de 60 personnes. Sur cette base nous avons établi deux critères : que ce soit une personnalité reconnue dans une activité particulière et qu'elle ait déjà mentionné le fait d'être lesbienne ou en couple avec une femme dans un média (elle-même et de sa propre initiative, et au-delà de ses réseaux sociaux, car nous ne voulions *outer*[1] personne). Ce critère a fait retomber la liste à 50. Il ne s'agit pas de personnes célèbres au sens populaire du terme, mais bien de personnes identifiées par les médias et un large public, et dont l'activité, si spécialisée soit-elle, a permis de laisser une trace publique de leur prise de parole.

Dans cette nouvelle liste plus réduite, nous avons recensé des chanteuses, réalisatrices, actrices, danseuses, DJ, humoristes, sportives professionnelles ou de haut niveau, journalistes, écrivaines, avocates, influenceuses, cheffes, personnalités de téléréalité et politiques.

Nous les avons contactées en ayant conscience que nous allions explorer une part intime de leur vécu et avons misé sur l'aspect collectif de ce livre pour les convaincre. Paradoxalement, la notion de parole collective est à double tranchant, parce que ce projet pouvait aussi bien les motiver que provoquer l'effet inverse : avaient-elles envie de se retrouver dans un livre avec toutes les lesbiennes de France pour en parler une fois de plus ? Le stigmate associé aux lesbiennes est si tenace qu'elles ont dû anticiper le coût d'une telle exposition. Prendre la parole pour témoigner

1. Un *outing* est une révélation par un tiers de l'homosexualité d'une personne, sans son consentement, voire contre sa volonté.

d'un point de vue situé (leur parole en tant que lesbienne), même collectivement, est une démarche encore risquée dans notre société. Il y a même un nom pour ça : le *backlash*, le contrecoup – voire le contre-coût, c'est-à-dire une différence de traitement, une mise à la marge comme ce fut le cas pour Muriel Robin, sans oublier le risque des violences physiques ou verbales.

Nous avons été étonnées de ne recevoir aucune réponse négative. Aucune ne nous a signifié noir sur blanc qu'elle ne souhaitait pas contribuer à ce projet. En revanche, certains de nos mails sont restés lettre morte, d'autres ont reçu des encouragements sans suite, on a eu des oui transformés en silence et des empêchements de dernière minute.

Nous avons été parfois surprises, parfois déçues aussi, mais nous respectons les raisons de chacune. Car, en écrivant ce livre, nous nous étions posé les mêmes questions : quel serait l'impact de ce livre sur nos vies respectives et sur celles de nos enquêtées ? Allions-nous être stigmatisées à notre tour, comme toutes les lesbiennes qui ont osé parler avant nous ? Est-ce que ça valait vraiment la peine de s'embarquer dans cette galère, finalement ?

Les personnalités qui ont accepté de nous accorder de leur temps, et dont la liste apparaît dans l'ordre alphabétique ci-dessous, sont d'autant plus précieuses qu'elles nous ont permis de mieux comprendre la relation entre leur visibilité publique en tant que lesbienne et les conséquences de cette visibilité, pour en faire un miroir grossissant de la situation des lesbiennes dans notre société.

Charlotte Bienaimé (quarante ans) : documentariste radio et autrice. Après avoir réalisé de nombreux documentaires pour France Culture (*Les Pieds sur Terre*, *Sur les docks*, *Une vie une œuvre*...), elle produit tous les mois *Un podcast à soi* sur Arte Radio depuis 2017 autour des questions féministes et de genre.

Carole Cassier (trente-six ans) : journaliste, reporter d'images, musicienne, coréalisatrice de la websérie documentaire *Le Cas Rosa Bonheur* (2022).

Chelcie et Dalila (vingt-neuf et vingt-huit ans) : créatrices de contenu sur les réseaux sociaux (1,4 million d'abonnés sur TikTok), elles diffusent des vidéos mettant en scène leur vie de couple pour mieux dénoncer les préjugés lesbophobes.

Alice Coffin (quarante-six ans) : journaliste, élue écologiste au Conseil de Paris depuis 2020. Cofondatrice de la Conférence européenne lesbienne et de l'Association des journalistes LGBT.

Fatima Daas (vingt-neuf ans) : écrivaine révélée en 2020 avec son roman *La Petite Dernière* paru aux Éditions Noir sur Blanc.

Marie Docher (soixante et un ans) : photographe, réalisatrice, autrice, activiste, lauréate de la grande commande photographique de la BnF, chevaleresse de l'ordre des Arts et des Lettres.

Soraya Garlenq (quarante et un ans) : actrice, elle a notamment joué dans *La Stagiaire* (2014), *Atlanta* (2016) et *Cœurs noirs* (2023).

Élise Goldfarb et Julia Layani (vingt-neuf ans) : entrepreneuses, à la tête de l'agence de communication Élise & Julia, fondatrices du média *Fraîches*, créatrices du podcast *Coming Out* disponible sur Spotify.

Marie Labory (quarante-huit ans) : journaliste, productrice chez France Culture et réalisatrice du documentaire *Lesbiennes, quelle histoire ?* diffusé sur Histoire TV en 2023.

Mélissa Laveaux (trente-neuf ans) : autrice-compositrice-interprète franco-canadienne.

Caroline Mecary (soixante et un ans) : avocate au barreau de Paris depuis 1991. Son cabinet pratique depuis vingt ans le droit des familles, le droit de la presse et le droit des discriminations. Autrice de onze ouvrages, elle a entre autres publié *Les Droits des homosexuel/les* en 1998 et *PMA et GPA* en 2019 aux éditions PUF (collection « Que sais-je ? »). Elle est la première avocate à avoir défendu les familles homoparentales et elle a été l'avocate du premier couple d'hommes mariés à Bègles en 2004.

Marie Patouillet (trente-cinq ans) : double championne du monde de paracyclisme en 2022 et 2024, double championne du monde de scratch et d'omnium en 2024, médecin généraliste.

Anna Polonyi (trente-trois ans) : journaliste et poétesse franco-américaine, coréalisatrice de la websérie documentaire *Le Cas Rosa Bonheur* (2022).

Aloïse Sauvage (trente et un ans) : artiste, comédienne et chanteuse.

Shirley Souagnon (trente-sept ans) : artiste et humoriste, cofondatrice du plateau de stand-up Barbès Comedy Club (2019-2022). Elle a contribué au livre manifeste *Noire n'est pas mon métier* paru aux éditions du Seuil (2018). Elle a créé l'agence Afrocast, qui met en avant les comédiens et comédiennes afro.

Tahnee (trente-quatre ans) : humoriste, cofondatrice du plateau de stand-up Comédie Love (2018), qui se veut *queer friendly*, féministe et solidaire.

Mathilde Viot (trente-sept ans) : secrétaire générale de l'Institut de la protection sociale européenne, ancienne collaboratrice parlementaire, autrice de *L'homme politique, moi j'en fais du compost*, paru chez Stock (2022). Fondatrice du #MeToo politique et cofondatrice de l'Observatoire des violences sexistes et sexuelles en politique.

Mélanie Vogel (trente-neuf ans) : sénatrice représentant les Français établis hors de France, membre d'EELV.

Vingt personnalités sur la cinquantaine que nous avions initialement identifiées, c'est peu, mais c'est finalement beaucoup au regard des enjeux.

Entre avril et septembre 2023, nous avons mené ces entretiens dans leur salon, dans des cafés, sur leur lieu de travail et parfois en visioconférence. Nous voulions comprendre leur parcours, leur façon de gérer leur vie publique en tant que lesbienne pour identifier ce qui avait pu être un frein ou un encouragement à leurs carrières respectives.

Grâce à leurs témoignages, nous allons pouvoir retracer les différentes temporalités traversées par les lesbiennes : les appréhensions avant de le dire, les réactions de l'entourage, l'évaluation des risques et l'autocensure. Nous avons aussi beaucoup parlé de violences et de lesbophobie, deux éléments quasi constitutifs de nos parcours lesbiens, que nous analysons au fur et à mesure des témoignages pour mieux en comprendre les contours. Et, après des échanges parfois douloureux, nous avons voulu aborder lors de ces entretiens les effets positifs du coming out et l'immense bonheur de se présenter au monde telle que l'on est.

Se penser lesbienne

Lorsque l'on comprend que l'on est lesbienne – au moment où on se le dit à soi, bien avant de le dire aux autres –, on cherche des figures pour s'assurer qu'on n'est pas seule au monde. Seulement voilà : chercher des lesbiennes, en France notamment, c'est comme se retrouver dans un *Où est Charlie ?* géant. Elles sont peu visibles, et parfois cachées. Or, la première chose que les lesbiennes ont besoin de savoir, c'est qui fait partie de la coloc, qui mange à la cantine, qui est une cousine, bref, qui travaille au ministère. Nous précisons pour les curieux ou les conspirationnistes qu'il n'y a pas de lobby LGBT, pas de réseau souterrain où les dollars pleuvent à millions pour faire pencher la balance du côté de nos droits – et nous sommes les premières à le déplorer. Très clairement, être lesbienne rime souvent avec une impression d'être totalement seule. Pour déjouer ce sentiment, il faut se tenir aux aguets des quelques événements et soirées lesbiens, et connaître les rares lieux lesbiens encore ouverts (qui se comptent grosso modo sur les doigts d'une main en France). La manifestation qui aurait pu montrer un nombre important de lesbiennes est par ailleurs toute récente : la Marche nationale lesbienne. Elle date seulement de 2021[1] et a eu lieu à quelques mois de l'adoption du projet de loi visant à étendre la PMA aux femmes célibataires et aux couples de lesbiennes. Nous avons participé à celle de Paris et défilé parmi des milliers d'autres lesbiennes (4 400 selon la préfecture, 10 000 selon les organisatrices). Marcher au milieu d'autres lesbiennes a été un moment d'une grande intensité pour nombre d'entre nous. Pendant cet après-midi ensoleillé d'avril, où la plupart déambulaient pour la première fois main dans la main dans l'espace public, nous n'étions pas seules, alors que tout nous porte à croire qu'on l'est le reste du temps. Notre présence en masse ce jour-là a défié le caractère hétéronormé[2] des espaces publics en les « lesbianisant » le temps d'une journée.

Le nombre magique de lesbiennes

Si nous étions à peu près 10 000 à Paris ce jour-là, combien sommes-nous en vrai ? Cette question du nombre est devenue notre obsession l'été dernier : de « combien y

1. La toute première initiative de marche lesbienne a été organisée à Paris en juin 1980 par le Groupe des lesbiennes radicales de Jussieu, mais elle n'a pas eu le retentissement social et politique attendu et n'a été reconduite qu'en 2021.

2. L'hétéronormativité renvoie au fait que la société considère l'hétérosexualité comme la seule orientation sexuelle valable et l'unique mode relationnel souhaitable. Autrement dit, l'hétéronormativité place l'hétérosexualité en tant que norme.

a-t-il de lesbiennes sur notre liste ? » nous sommes passées à « combien sommes-nous tout court ? », parce que le peu de représentations que nous avons ne peut pas être proportionnel à l'ensemble de la population lesbienne. Nous avons donc sorti la calculette pour compter (approximativement) le nombre de lesbiennes sur l'ensemble du territoire français et d'outre-mer.

Marie Docher, l'une de nos enquêtées, avait déjà la réponse. Pour elle, c'est simple, on représente 6 %. « C'est intéressant, les chiffres. J'ai lu des études sur le pourcentage de gays et de lesbiennes dans la population. C'est déclaratif, mais il y aurait 10 % de gays et 6 % de lesbiennes concentrés dans les grandes métropoles. Je constate que dans les zones semi-rurales et rurales, depuis la crise du Covid, des LGBT, ou juste des lesbiennes, se regroupent pour sortir de l'isolement, organisent des *prides* et se fédèrent autour de librairies de plus en plus engagées sur les questions féministes. »

D'après nos recherches, ce chiffre renvoie à une enquête Ifop datant de 2011 où 6,6 % de répondants se sont identifiés comme « homosexuels » (3,6 %) ou « bisexuels » (3 %). En réalité, dans cette étude, il y avait deux fois plus d'hommes que de femmes[1].

1. Étude Ifop pour *Têtu*, « Le profil de la population gay et lesbienne en 2011 ». Les données présentées ci-après sont extraites d'un cumul réalisé à partir d'études menées par l'Ifop du 1er février au 10 mars 2011. Chacune de ces enquêtes a été effectuée auprès d'un échantillon de 800 à 1 000 personnes, représentatif de la

L'Ifop toujours peut nous aider dans notre quête du nombre magique de lesbiennes en France. Selon une publication de 2017[1] : 18 % des Françaises ont déclaré avoir déjà été attirées par une femme, et une Française sur dix a déclaré avoir déjà eu une relation sexuelle avec une femme[2]. Mais l'attirance physique pour une autre femme ne signifie pas une identification *de facto* comme lesbienne puisqu'elles sont 1,5 % à se déclarer en tant que telles (elles étaient 1 % en 2012 et 0,6 % en 2006). On peut noter une augmentation significative depuis plus de dix ans, ce qui est un signe que la société évolue sur le sujet (ou que notre lobby fictif fonctionne).

Toujours selon cette étude, les hommes se déclarent plus volontiers homosexuels (3,6 %) que les femmes, lesbiennes (1,5 %), on peut penser que la contrainte à l'hétérosexualité s'impose donc davantage aux femmes qu'aux hommes.

Pour en revenir au nombre de lesbiennes en France, si nous comptons une population de 35 122 000 femmes en 2023[3], et que nous retirons de ce chiffre les femmes

population française âgée de dix-huit ans et plus. Au total, l'échantillon cumulé est de 7 841 Français, et 514 personnes admettent une part d'homosexualité.

1. Étude Ifop pour Référence Sexe, réalisée par questionnaire auto-administré en ligne du 14 au 17 décembre 2016 auprès de 2 003 personnes, constituant un échantillon représentatif de la population française âgée de dix-huit ans et plus.

2. Elles étaient 6 % en 2012, 5 % en 2009, 4 % en 2006, 2,6 % en 1992 et 2 % en 1970. Il y a donc une augmentation nette et continue depuis quarante ans.

3. Données annuelles de l'Insee en 2023.

de moins de quinze ans (5 750 207), nous pouvons supposer que la France compte approximativement 440 580 lesbiennes, soit presque l'équivalent d'une ville comme Toulouse.

C'est grand, Toulouse. D'un coup, ça donne envie de chanter Nougaro.

Rosa Bonheur ou la lesbienne effacée

Au départ il y a l'effacement, et de cet effacement découle l'invisibilisation des lesbiennes en général. Pas étonnant qu'on les cherche encore aujourd'hui.

La figure de Rosa Bonheur est l'allégorie même de ce phénomène qui touche les lesbiennes depuis toujours. Pour celles et ceux qui ne la connaissent pas, Rosa Bonheur était une peintre et sculptrice, spécialisée dans la représentation animalière, et qui a vécu au XIXe siècle. Elle jouissait d'une grande notoriété et surtout d'une autonomie financière liée à son activité, choses rares pour n'importe quelle femme artiste de son époque. Elle a participé aux Expositions universelles de 1855, 1867 et 1893, et n'avait aucun mal à vendre ses productions à l'avance. Elle a vécu une grande partie de sa vie au château de By, dans le village de Thomery en Seine-et-Marne, devenu aujourd'hui un musée qui lui est dédié. Sur le site Internet du château, on peut lire :

> Le château a été acquis par la célèbre artiste peintre Rosa Bonheur en 1859, à la suite de la vente de son tableau *Le Marché aux chevaux*. Rosa Bonheur est alors la première femme à acheter, à son nom, un bien immobilier grâce au seul fruit de son travail. [...] Elle s'y installe un an après et y passera les quarante dernières années de sa vie. Après son décès, la propriété revient à sa « fille d'adoption » Anna Klumpke, artiste peintre, qui préservera le domaine avec une immense dévotion, ouvrant l'atelier de Rosa au public afin de faire vivre la mémoire de l'illustre peintre. Choyé par les différentes générations de la famille Klumpke-Dejerine-Sorrel, l'atelier est successivement ouvert puis fermé au public avant d'être repris par Katherine Brault en septembre 2017[1].

Ce n'est pas sur son talent qu'il y a une crispation puisque, de son vivant comme après sa mort, tout le monde s'accorde à dire que Rosa Bonheur était une artiste accomplie. Le point de tension vient du fait qu'elle a toujours vécu avec des femmes et que c'était un véritable « garçon manqué », comme le montrent les archives à son sujet. Elle avait les cheveux courts, fumait, faisait des demandes de « travestissement » à la préfecture pour pouvoir porter des pantalons (sauf lorsqu'il s'agissait d'être

1. Texte qu'on peut lire sur : www.chateau-rosa-bonheur.fr/lechateau.

prise en photo, occasion où elle respectait la norme), elle était engagée dans la représentation des femmes dans les mondes de l'art, bref, elle avait tous les signes extérieurs de féminisme et de lesbianisme.

Rosa Bonheur a eu des relations connues et documentées avec deux femmes : Nathalie Micas pendant plus de cinquante ans et Anna Klumpke dans les dernières années de sa vie. Quand certains perçoivent sa relation avec Nathalie Micas comme un long roman d'amitié et envisagent son histoire avec Anna Klumpke sous l'angle de la relation filiale (cf. sa « fille d'adoption »), d'autres y voient de l'amour tout simplement.

Dans le milieu lesbien, cette peintre est connue pour avoir vécu son existence comme elle l'entendait, habillée comme une gouine (ce mot est un mot d'amour venant de nous) et entourée de femmes (dont la sienne). Pour l'œil lesbien, ça saute aux yeux dès la première photo. Si Rosa était née à notre époque, elle aurait à coup sûr débarqué avec ses pinceaux à la Marche lesbienne et disposerait au moins d'une polaire Quechua dans son atelier, au cas où.

Si vous pensez encore que c'est une fantaisie de notre part, sachez que l'artiste écrira elle-même après la mort de Nathalie Micas : « Si j'avais été un homme, je l'aurais épousée, et l'on n'eût pas inventé toutes ces sottes histoires[1]. » Ces propos viennent du journal d'Anna

1. Anna Klumpke, *Rosa Bonheur, sa vie, son œuvre*, Flammarion, Paris, 1908.

Klumpke, qui deviendra (faute de mariage) son héritière et légataire universelle.

Si tout est clair, pourquoi certaines personnes refusent-elles encore à Rosa Bonheur sa part d'amour lesbien ? Elle qui aurait écrit noir sur blanc dans son testament qu'elle n'avait eu « ni enfants, ni tendresse pour le sexe fort, si ce n'est une franche et bonne amitié pour ceux qui avaient toute [son] estime[1] ».

C'est pour répondre à cette question que nous avons rencontré Carole Cassier et Anna Polonyi, les deux réalisatrices du documentaire *Le Cas Rosa Bonheur* diffusé en 2022 sur YouTube et auquel nous ferons référence tout au long de cette partie. En 2020, à la sortie du confinement, Anna (qui est franco-américaine) travaillait sur les écrivaines lesbiennes de la rive gauche et c'est en parcourant une encyclopédie anglaise qui recensait les lesbiennes historiques qu'elle est tombée sur le nom de Rosa Bonheur. Par curiosité, elle a décidé de visiter le château de By en compagnie de Carole pour profiter des premiers jours du déconfinement. Les voilà toutes deux parties un jour de juin à Thomery pour une visite guidée classique. Une fois qu'elles l'ont eu finie, elles ont spontanément demandé la raison pour laquelle rien n'avait été dit sur le lesbianisme

1. Suzette Robichon, *Rosa Bonheur. « Ceci est mon testament… »*, Éditions iXe, Paris, 2012, p. 58.

de Rosa Bonheur, en référence à ce qu'Anna avait découvert au cours de ses recherches. Et la réponse qu'elles ont obtenue de la part de l'équipe du musée les a tellement abasourdies qu'elles en ont fait un documentaire : « Le musée nous a dit : "On n'a pas de preuves et, comme on n'a pas de preuves, on n'en parle pas." Leur théorie, c'était surtout que Rosa Bonheur était asexuelle. Donc on en est restées là. »

Anna et Carole racontent le processus d'invisibilisation classique qui frappe les couples lesbiens depuis la nuit des temps. Mais, pour elles, c'était la fois de trop, l'événement qui les a poussées à s'emparer de cette histoire. Anna nous explique :

> Ça nous a suffisamment interrogées pour y retourner une deuxième fois. Au départ je m'intéressais surtout à la biographie de Rosa Bonheur et, comme on voulait monter un dossier de financement, on avait besoin de faire une interview avec Katherine Brault [la propriétaire du musée]. On était parties sur une biographie, le musée était dans un bon état, visuellement c'était riche.
> Après plusieurs mails laissés sans réponse, on a fini par rencontrer Katherine Brault en novembre 2020. On n'avait pas encore l'angle, mais on a posé énormément de questions sur ses compagnes, Nathalie Micas et Anna Klumpke, et on lui a

> dit pendant l'interview que nous avions fait la visite trois mois auparavant et que rien n'avait été mentionné sur ce sujet. Et là, pendant une heure, c'était comme un lavage de cerveau. On en est ressorties lessivées mentalement.

Carole et Anna ont eu besoin de temps pour analyser ce qui s'était passé durant cet entretien. Elles font part de leur état de sidération. Selon elles, le discours de la propriétaire du musée allait au-delà du simple fait de nier quelque chose, « c'était fermer systématiquement la porte au mot "lesbienne", quand tout pointait vers ça ».

Les deux journalistes ont suffisamment d'expérience pour reconnaître ce genre de détours, ces fameuses « grandes amies qui vivent ensemble », et décrypter le vocabulaire qui vient minimiser une relation amoureuse entre deux femmes. Carole détaille :

> Katherine Brault avait des justifications multiples et variées pour nous convaincre que c'était « tout sauf ça ». Elle a déployé un nombre incroyable d'arguments. Pour elle, « ce n'était pas un sujet » et, si c'en était un, elle a développé tout un tas de raisons pour nous dire que Rosa Bonheur n'était surtout pas lesbienne. On a tout eu : sa fille adoptive, sa mère de cœur, toutes les histoires invraisemblables. C'était même difficile pour elle de prononcer le mot « lesbienne ».

Anna et Carole ne sont pas les premières à s'étonner de ce déni. Cet effacement d'amour lesbien a provoqué de nombreuses réactions sur les réseaux sociaux de la part de visiteuses anonymes, de féministes, voire dans la presse[1].

Carole précise : « On a senti qu'elle était rodée à l'exercice. Elle a déployé une telle énergie pour nous convaincre que ce sujet n'en était pas un et que les questions que nous posions n'étaient pas intéressantes qu'on a eu envie de faire ce documentaire. On ne voulait pas laisser passer ça. »

Ce qui gêne avant tout les deux journalistes, c'est le fait que la propriétaire du château, que tous les médias viennent interroger pour comprendre l'histoire de Rosa Bonheur, a un positionnement qui efface totalement sa relation aux femmes. Encore une énième femme dont on sait qu'elle a vécu toute sa vie avec d'autres femmes – « un peu comme Marguerite Yourcenar avec sa fameuse traductrice… », ajoute Carole. Elle évoque un autre exemple de cette invisibilisation à la française, survenu à peu près au même moment : un de ses amis journalistes venait de réaliser un reportage sur Marguerite Yourcenar et, à son visionnage, sa rédactrice en chef avait fait retirer la mention de son lesbianisme en vue de la publication.

Et ça s'est passé en 2021, la même année que le documentaire ! Ça veut dire qu'en 2021 c'est

1. « Mais qui cherche à rendre Rosa Bonheur hétéro ? », *Libération*, Camille Paix, le 1er avril 2022.

> encore difficile dans les médias, quand on connaît la vie des personnalités, de dire qu'une femme a été lesbienne, de mettre des mots dessus. Il y a eu une convergence sur cette thématique et on a écrit notre projet CNC [Centre national du cinéma] avec un angle d'invisibilisation.

Il est possible de faire des liens avec la culture du secret, le fait de minimiser l'importance d'une relation entre deux femmes, en somme l'habituel « ça ne nous regarde pas avec qui elle couche ». Sauf qu'il ne s'agit pas de « coucher », mais d'aimer, et de vivre une vie entière en dehors du cadre imposé par l'hétéronormativité. Cette facette n'est pas anodine si l'on veut comprendre une artiste, une femme, et la façon dont elle inscrit sa vie et son art dans une époque.

Étonnamment, le recours à la notion de vie privée ne s'applique pas du tout aux artistes hétérosexuels, car on en sait en général long à leur propos. Dans la plupart des musées consacrés aux artistes ou aux écrivains, il est souvent fait mention des épouses, des maîtresses, des compagnes ou des muses. La référence à la vie privée s'applique également beaucoup moins aux artistes gays (nous citerons au hasard Arthur Rimbaud, Paul Verlaine, Jean Cocteau, Jean Marais, Jean Genet, Marcel Proust, Roland Barthes, Michel Foucault, André Gide, Charles Trenet, Yves Saint Laurent).

Il semble que la mention de lesbianisme apporte un éclairage dont la société ne sait toujours pas quoi faire.

Est-ce une transgression absolue ? Une indication perçue comme dégradante ? Une hypersexualisation qui entache celle qui est associée au mot « lesbienne » ?

Pour la petite histoire, un roman récemment publié[1] s'est emparé de la vie de Rosa Bonheur, et son autrice lui a soudain trouvé un amour hétérosexuel digne de ce nom, sir Edwin Landseer, dont il n'existe aucune trace nulle part. Par magie, alors que l'asexualité présumée de Rosa Bonheur et le respect de sa vie privée étaient brandis par l'équipe du château pour ne pas parler de ses compagnes et de son lesbianisme, les réserves de la propriétaire concernant sa relation hétérosexuelle avaient disparu, selon Anna :

> Elle était très enthousiaste pour ce livre-là et n'avait pas du tout les mêmes propos autour de la vie privée de Rosa Bonheur, parce qu'elle nous en a beaucoup parlé [de cette fameuse relation hétérosexuelle]. Donc c'est vraiment cette notion de désir féminin pour une autre femme qui bloque, et je pense que le fait de vouloir la qualifier d'asexuelle est beaucoup moins dérangeant pour elle et pour le business.

Rosa Bonheur est un cas d'école de l'invisibilisation de l'amour lesbien et des lesbiennes en général. Mais

1. Patricia Bouchenot-Dechin, *J'ai l'énergie d'une lionne dans un corps d'oiseau*, Albin Michel, Paris, 2022.

combien d'autres encore ont disparu de notre histoire ? C'est sur ce genre de « détail », loin d'être anodin, que se joue l'effacement historique des lesbiennes. Ce premier déni d'existence mène tout droit à l'absence de leurs représentations. Et, sans représentations, ce n'est pas facile de trouver sa place dans le monde.

Seule au monde ?

Avec quelles représentations grandissent les lesbiennes ? Pour les hétéros, cette question ne se pose pas puisque l'hétérosexualité est partout, elle ne se nomme pas. Dès le plus jeune âge, les dessins animés ou les livres pour enfants font spontanément état de l'indiscutable norme dans laquelle nous vivons : Babar a Céleste, Roméo a sa Juliette. L'industrie culturelle déborde d'histoires d'ados incompris, de trentenaires célibataires ou de quadras divorcés qui rencontrent leur deuxième moitié en vue d'un beau mariage. La norme hétérosexuelle est si présente qu'elle en devient invisible aux yeux du grand public. Elle structure les imaginaires, occupe les espaces publics (les amoureux de Brassens qui se bécotent sur les bancs publics ont quelque chose de sympathique), s'immisce dans les arts et donne la couleur de l'amour, et notre société entière tourne comme un manège autour de l'hétérosexualité.

Qu'en est-il des autres, des Toulousaines ?

Comment se construire lorsque rien ne parle de ce que nous ressentons, ni autour de nous, ni dans la littérature, ni sur les écrans ? À qui peut-on se raccrocher pour s'assurer que le chemin emprunté existe déjà ?

Pour Sarah, tout s'est éclairé le jour où elle est tombée sur le clip de t.A.T.u, à l'adolescence, et où elle a vu les deux chanteuses du groupe s'embrasser. Cela lui a permis de poser des mots (des images) sur ce qu'elle sentait émerger, et c'est le moment clé, salvateur, où elle a pris conscience d'elle-même. Plus tard, c'est avec *The L Word*, une série exclusivement lesbienne regardée en cachette, qu'elle a compris qu'elle pouvait l'être et mener une vie normale (il fallait être à Los Angeles et c'était un peu loin du RER d'Antony, mais bon). Pour Sophie, les représentations étaient beaucoup plus rares. Pendant son adolescence, il y a eu le personnage d'Angel dans *Little Darlings*, joué par Kristy McNichol, juste pour sa façon d'être en jean et en baskets et de fumer des Marlboro (mais elle n'était pas lesbienne), ou le film de Diane Kurys *Coup de foudre*, qui raconte l'histoire de ces deux femmes, mariées et mères de famille, qui se rencontrent après-guerre et décident de tout quitter pour s'installer à Paris ensemble. Rien n'était explicite, tout était en sous-texte. Puis la série littéraire *Claudine* de Colette, même si le personnage féminin finit lui aussi par se marier.

Du côté des productions culturelles grand public, les lesbiennes ont longtemps subi l'image de Marie-Jo dans *Gazon maudit*, celle de la « gouine » (l'insulte suprême) qui se prend pour un bonhomme et s'éprend d'une femme mariée. Quel cliché ! Pendant nos entretiens, Marie Labory mentionne ce film. Elle raconte l'avoir vu au cinéma avec ses parents et avoir souffert des réactions de la salle : « Les gens rigolaient, je ne savais pas pourquoi ils rigolaient, et j'avais trouvé ça très douloureux. »

À l'autre bout du spectre des stéréotypes, les personnages lesbiens du film *La Vie d'Adèle* quittent les camionneuses pour s'hypersexualiser via des scènes à n'en plus finir, largement inspirées de la culture pornographique et des fantasmes du réalisateur. Ces deux clichés, la lesbienne « camionneuse » et la fantasmée, sont tenaces et enferment encore aujourd'hui les lesbiennes dans ces mauvais rôles.

Notons que la série *The L Word* (2004), le personnage de Cécile de France dans *L'Auberge espagnole* (2002) ou encore celui de Camille Cottin dans *Dix pour cent* (2015) sont de rares exceptions. Depuis, il existe çà et là d'autres représentations de lesbiennes dans les romans ou les séries, souvent à destination des jeunes, mais cela reste confidentiel et ciblé (classé LGBT+).

L'enjeu d'avoir des représentations plus justes qui sortent des stéréotypes n'est pas de satisfaire des quotas de diversité, mais d'obtenir une meilleure représentativité. Elles sont aussi là pour montrer, sans violons ni drame, la réalité de ce que vivent les gens au quotidien. C'est une notion à deux dimensions, où il ne s'agit pas seulement d'apparaître, il faut aussi incarner.

Pour la sociologue Anne Revillard, « l'identité homosexuelle est "bricolée" à l'échelle individuelle à l'aide des représentations sociales disponibles[1] ». De façon générale, « le principal problème rencontré par les femmes est l'invisibilité lesbienne. Tout se passe comme si l'homosexualité n'existait pas. Cette invisibilité se constate [au niveau] des représentations (manque de représentation lesbienne dans les médias)[2] ». Cet effacement est le point névralgique du déni d'existence des lesbiennes.

Aux questions « Quelles ont été vos représentations lesbiennes ? Avez-vous eu des modèles ? », la plupart de nos enquêtées expriment frontalement ce manque de représentations. Élise Goldfarb et Julia Layani nous ont déclaré : « On a grandi dans un monde où l'homosexualité n'existait pas » ; Marie Docher a confirmé cet état de fait : « Quand j'étais gamine et adolescente, je n'en connaissais pas. » *Idem* pour Caroline Mecary : « Des modèles de femmes lesbiennes ? Non, aucun ! C'est sûr que non. Il n'y en avait pas, aucune figure. » Tout comme Fatima Daas : « Moi j'ai vraiment grandi avec l'idée que j'étais la seule au monde. » Mélanie Vogel n'en voit « aucune », Marie Labory fait le même constat : « Non. En réalité, je ne connaissais pas de lesbiennes *out*. » Alice Coffin n'en

1. Anne Revillard, « L'identité lesbienne entre nature et construction », *Revue du Mauss*, n° 19, 2002, p. 172.
2. *Ibid.*, p. 176.

voit qu'une – Amélie Mauresmo. Marie Patouillet précise qu'en France « il n'y a pas beaucoup de représentations lesbiennes dans le sport, c'est un manque ». Marie Labory fait spontanément le lien entre le manque de représentations et la notion de marge :

> Le manque de modèle empêche de se construire et de se projeter vers l'extérieur. Quand tu te construis pendant longtemps en te disant que tu es différente et que tu ne trouveras personne qui te ressemble, ça te maintient à la marge, tu ne rentres pas dans la société. Et du coup tu fais quoi ? Tu cherches ta communauté, tu vas trouver tes semblables, ce qui est normal, mais toujours à la marge.
> J'ai lu il n'y a pas longtemps que la chanteuse Pomme n'avait pas eu de représentations. Elle a vingt-six ans, c'est fou ! C'est fou parce que ça existait, mais pas suffisamment apparemment, et qu'elle n'a probablement pas osé y aller. C'est terrible. Ça m'a touchée.

Dans une interview accordée au *Monde*[1], Pomme s'est ouverte sur son enfance « imprégnée de cette culture religieuse dans laquelle l'homosexualité est un interdit

1. « Pomme : "Ado j'aurais aimé qu'on me dise : tu peux aimer qui tu veux" », *Le Monde*, Annick Cojean, le 5 février 2023.

implicite ». Elle avait également confié à la radio : « C'est hyper important quand on grandit d'avoir des exemples de gens qui nous ressemblent. Parce que sinon on a l'impression de ne pas avoir accès à certaines choses[1]. » Elle le dit très clairement : le manque de représentations est un empêchement. Pour Mathilde Viot, il entrave aussi la possibilité de se projeter, d'imaginer sa vie en dehors du cadre hétérosexuel :

> J'ai conscience d'aimer les filles depuis que j'ai huit ans. Mais j'avais l'impression d'être une anomalie totale. J'ai grandi sans aucune représentation. Si ça avait été le cas je n'aurais jamais été hétéro ! Ça m'a fait perdre du temps, même si je suis très heureuse d'avoir partagé ma vie avec un homme et d'avoir eu un enfant avec lui, je ne remets pas du tout en question ma vie des douze ans passés. Mais ça m'a fait perdre du temps.

Comme nous, c'est dans les productions culturelles qu'elles sont allées chercher des représentations, quitte à décrypter la moindre transgression à la norme, le moindre signe de lesbianisme.

Marie Labory – après avoir mentionné une journaliste et réalisatrice dont nous préserverons l'anonymat (parce

1. « La chanteuse Pomme s'engage pour les droits des LGBT dans ses chansons, comme "Grandiose" », Alexis Patri, Europe 1, le 14 septembre 2020.

que celle-ci n'en a jamais parlé publiquement) – raconte avoir eu un coup de cœur pour Jodie Foster à dix ans alors qu'elle ne savait rien d'elle, puisque cette actrice est longtemps restée dans le placard elle aussi. La journaliste en plaisante : « C'est bien qu'il y a quelque chose qui doit passer ! » Elle mentionne les livres de Beauvoir, de Kate Millett, et aussi Sigourney Weaver dans *Alien*, personnage pourtant non lesbien mais dont « il se dégageait [...] une féminité différente ».

Mathilde Viot se souvient d'une lecture où tout était contenu en une phrase : « *La Fille aux yeux d'or* de Balzac. À un moment, le héros tombe amoureux d'une femme et, quand ils font l'amour, elle crie "Mariquita !" – nom d'une autre comtesse. J'avais trouvé ça cool, je me suis dit que ça devait exister depuis longtemps, que des femmes pouvaient être amoureuses. Ça m'a marquée. »

Caroline Mecary a trouvé elle aussi dans la fiction ce qui n'existait pas dans la réalité : « Moi, ce qui m'a nourrie, c'est la littérature, la série de personnages de [Ann] Radcliffe et de Carson McCullers. Il y avait aussi la série des *Claudine* à la télévision, je devais avoir quinze ou seize ans. »

La quasi-invisibilité des figures lesbiennes dans l'espace médiatique et culturel français a amené nos enquêtées à se tourner vers la fiction, où les personnages féminins pouvaient incarner une autre forme de féminité, dans la continuité de Sigourney Weaver, comme le décrit aussi Élise Goldfarb : « On adorait les femmes qui représentaient quelque chose qui se détachait de nos représentations des femmes hétérosexuelles. Dans *Charlie's Angels*, on était fan de Drew Barrymore. Il y avait aussi *Xena, la guerrière.* »

Mais dans cette quête, et face au vide abyssal de modèles, tout ce que les lesbiennes peuvent investir émotionnellement dans la recherche de figures auxquelles s'identifier s'effondre lors de la confrontation au réel. Sarah se souvient du jour où elle a compris que Cécile de France n'était pas lesbienne. Elle savait que c'était une actrice, mais le bonheur de trouver un alter ego lui avait fait fermer les yeux sur cette réalité, et la trahison a été amère. C'est aussi ce qui est arrivé à Élise Goldfarb : « Quand j'ai compris que les filles du groupe t.A.T.u n'étaient pas lesbiennes, ça m'a brisé le cœur. » *Idem* pour Mathilde Viot : « J'ai adoré certains clips de Madonna, même si à la fin j'étais très déçue qu'elle soit hétéro. Au final elle me renvoyait à mon isolement. »

La peine et l'isolement (pour reprendre leurs mots) sont accentués par la façon dont les rares personnalités sont perçues. En effet, lorsqu'une lesbienne passe la ligne de visibilité et s'empare des médias, elle est très vite confrontée au stigmate et à la lesbophobie. Élise Goldfarb se rappelle les remarques de ses parents à chaque passage de Caroline Fourest à la télévision : « Elle est pénible, celle-là, cette gaucho avec ses cheveux courts et son lesbianisme. » Julia Layani a entendu les mêmes phrases : « Dans ma famille, quand on parlait de Muriel Robin, c'était "la pauvre". » Elle poursuit : « Je pense que Muriel Robin a été une figure importante, parce que c'est une femme qui a souffert de son identité lesbienne. Elle en a parlé, mais avec beaucoup de distance, ça a d'ailleurs freiné sa carrière, ça lui a fermé le cinéma, et le cinéma c'est tout dans ce milieu. Et Amélie Mauresmo aussi mais, elle, elle a carrément vécu une lesbophobie des plus horribles. »

C'est bien connu, la façon dont un groupe social est représenté, la façon dont les médias vont en parler, de même que sa présence dans les livres d'histoire, les musées ou les œuvres fictionnelles, toute cette somme d'informations contribue à l'élaboration d'une image symbolique, plus ou moins figée, que la société prendra pour argent comptant.

Mais encore faudrait-il qu'il y en ait une, d'image.

Fatima Daas décrit dans son premier roman, *La Petite Dernière,* le parcours initiatique d'une jeune lesbienne musulmane qui grandit dans une famille pratiquante. Elle raconte ne pas avoir eu de modèles en grandissant : « Ça m'a manqué de n'avoir aucune représentation de lesbiennes racisées, musulmanes – même juste racisées. J'ai vraiment pensé que j'étais toute seule, je n'en voyais pas, je n'en identifiais pas, ni autour de moi ni à la télé. »

Pour Mélissa Laveaux, la situation est différente puisque, ayant grandi au Canada, elle a pu se nourrir de la culture anglo-saxonne et s'inspirer d'artistes lesbiennes noires américaines et canadiennes comme Tracy Chapman ou

Meshell Ndegeocello. Mais, en arrivant en France, elle a un choc, et le peu de lesbiennes qu'elle identifie ne la représentent pas : « Si je cherche des lesbiennes noires dans la musique… il n'y en a pas en France. Enfin, il y a Casey, mais je ne la connaissais pas à l'époque ! »

Cette non-représentation, Élise Goldfarb et Julia Layani la mentionnent également. C'est ce qui les motive à combler le vide, à incarner ce qui leur a manqué :

> Nous, on vient d'un milieu juif et, l'antisémitisme, c'est le premier problème qu'on a connu. On nous a élevées en nous disant qu'on s'est tellement fait casser la gueule… On a grandi avec des livres, des films, des musées sur la Shoah, et c'est grâce à tout ça qu'aujourd'hui on est fortes et qu'on a les armes pour lutter contre l'antisémitisme. Donc il faut qu'on ait des représentantes, des gens connus qui disent : « Oui, je suis lesbienne et je vais vous montrer que c'est possible d'être lesbienne et de ne pas se faire casser la gueule. » Ça sauve des vies.

Marie Patouillet, championne du monde de paracyclisme, parle aussi de responsabilité. Elle dit n'avoir eu qu'un seul modèle dans le sport : l'Américaine Megan Rapinoe, arrivée tardivement dans sa vie d'athlète puisqu'elle précise que c'était en 2019. Pour Marie, se rendre visible lorsque l'on est en activité est capital :

Il n'y a pas beaucoup de représentations lesbiennes dans le sport. En France en tout cas. Il y a eu Amélie Mauresmo, mais elle n'est plus en carrière. Des personnalités lesbiennes visibles et en activité il n'y en a pas, et ça change tout. Parce que cela n'a pas le même impact de prendre la parole si tu es toujours en activité. Quand une Megan Rapinoe parle, et qu'elle est encore en sélection et capitaine et qu'elle dénonce des actes lesbophobes, ceux qui en ont été responsables vont vraiment être interpellés. Ça, on le voit dans toutes les discriminations. Parler après sa carrière, c'est bien, mais je trouve que ça n'a pas le même impact que lorsqu'on est encore en place. Aujourd'hui je vois des athlètes qui sont *out* partout, auprès de leurs amis, familles, écoles, parce qu'elles sont jeunes, mais dans le milieu sportif il ne faut pas le dire. Le sport est assez en retard. Le sport est guidé par énormément de stéréotypes et d'idées préconçues.

Effectivement, lorsqu'il y a des représentations, ça change la donne. Prenons Mélissa Laveaux, autrice-compositrice-interprète, lorsqu'elle parle de ses inspirations et de ses modèles :

Moi, j'étais au Canada. Là-bas, il y a pas mal d'artistes ou de chanteuses que j'aimais bien. Tracy Chapman. Je ne savais pas qu'elle était

lesbienne au début, pas avant qu'elle ne sorte avec Alice Walker. Noemie K.B aussi, qui n'est pas lesbienne, mais pourtant super *butch*[1]. J'ai des modèles comme Meshell Ndegeocello ou Joan Armatrading. Je regardais pas mal de films lesbiens. Et Cheryl Dunye, la cinéaste qui a fait *The Watermelon Woman.*
Je faisais du bénévolat au centre de ressources de femmes de mon campus, qui était géré par une lesbienne. Donc il y avait des livres, des films, des séries *rainbow*[2], et on se retrouvait pour échanger des références. Il y avait aussi des festivals à Ottawa, il y a eu Gossip, qu'on a fait jouer avant qu'ils soient connus. Il y avait MIA, plein de groupes punk, indé et rock. Et il y avait beaucoup de lesbiennes, donc je savais que dans la musique je pouvais être libre.

Mélissa Laveaux associe les modèles qu'elle a eus avec la possibilité d'être « libre », d'exister quelque part. Pour elle, cet espace de liberté sera la musique, dans la continuité des artistes qui lui ont permis de se projeter.

1. Mot apparu dans les années 1940 dans le milieu des bars fréquentés par les lesbiennes de la classe ouvrière aux États-Unis. Il est l'abréviation du mot *butcher* (« boucher » en anglais) et désigne les lesbiennes dont la présentation de soi est masculine (code vestimentaire, coupe de cheveux).
2. Terme qui signifie « arc-en-ciel » en anglais. Il s'agit ici de films et séries où un personnage ou plus est gay ou lesbienne.

Une autre artiste, Shirley Souagnon, nous parle de ses modèles. Humoriste connue du grand public depuis plus de quinze ans, elle a su que c'était possible en regardant Muriel Robin : « Muriel Robin, c'est le premier DVD que j'ai acheté en arrivant à Paris. J'aimais bien sa façon de se mouvoir. » Elle cite aussi *The L Word,* tout en pointant une limite :

> *The L Word,* grâce à Shane, m'a permis d'avoir des représentations. Shane à fond ! Même si elle ne m'a pas du tout aidée à être quelqu'un de correct dans la vie. Ça m'a donné beaucoup de force, tout en me disant qu'il n'y avait pas beaucoup de Noires dans leur casting… Ça se croise toujours pour moi, ça. Mais c'était intéressant de savoir qu'aux États-Unis il se passait quelque chose de possible.
>
> Il y a eu aussi Océan, avec *La Lesbienne invisible,* que j'ai découvert après quatre ans de scène. Je suis allée voir le spectacle et c'était trop bien de voir autant de lesbiennes dans une salle.

Pour l'humoriste Tahnee, le grand choc de sa vie a été Christine and the Queens. « C'est l'entrée en culture *queer* pour moi. Quand je l'ai vu chanter sur scène, ça m'a parlé directement, cette façon de ne pas être en adéquation avec les codes féminins. Sa musique est venue pointer quelque chose que je n'arrivais pas à identifier en moi. »

Elle cite également Shirley Souagnon comme source d'inspiration :

> Shirley Souagnon m'a beaucoup inspirée, concrètement, dans la façon qu'elle avait de parler des choses. Ça a été une inspiration quand j'avais peur, quand je doutais. C'était magique d'aller la voir et de regarder comment elle faisait mourir de rire les gens qui n'étaient pas forcément concernés. Là je me disais que c'était possible, que la porte était ouverte. Elle m'a montré le chemin. Pareil pour Océan. Je n'ai pas connu le spectacle de *La Lesbienne invisible*, mais j'ai vu *Chatons violents*. J'ai adoré sa façon d'être engagé sur scène, avec une parole libre et radicale. C'est cool de voir qu'on n'est pas obligé de faire des compromis et de suivre les sujets qu'on a envie d'aborder. Ce sont pour moi des personnes qui ont ouvert des portes et montré que c'était possible.

Tahnee s'inscrit dans le sillage de Shirley Souagnon, qui dit s'être inspirée de Muriel Robin. Nous voyons là une dynamique vertueuse qui « ouvre les portes » et « montre le chemin ». Tout comme pour Mélissa Laveaux, qui s'inscrit dans une lignée d'artistes noires et lesbiennes qui l'ont inspirée pendant son adolescence, et qui l'aideront symboliquement à trouver sa voie dans la musique. Les représentations sont fondamentales pour avancer.

En achevant notre conversation avec les journalistes Anna Polonyi et Carole Cassier, nous abordons avec elles ce sujet qui clôt avec force leur série documentaire. C'était pour elles une évidence, car intrinsèquement lié à notre expérience collective en tant que lesbiennes. Elles nous disent avoir voulu un documentaire suffisamment pédagogique pour que leurs parents (et donc plus largement la société hétérosexuelle) puissent comprendre ce désarroi collectif causé par le manque, le vide : « Ils ne comprennent pas que tout est accessible pour eux, tout est hétérocentré, ils ne comprennent pas qu'ils peuvent vivre vingt ans à côté d'une personne qui n'a accès à rien. Et ils ne le voient pas. À moins qu'on leur dise : "J'ai grandi avec rien, et toi ?" Parce que pour eux il y avait Brad Pitt, il y avait untel, etc. La personne qui a des représentations sans se poser de questions a beaucoup de mal à imaginer que l'autre n'en a pas. » Carole Cassier nous confie les réactions de ses parents après le visionnage de leur travail : « J'ai l'impression qu'ils ont compris, au dernier épisode, quand Christine Bard dit qu'on a besoin de représentations pour vivre. »

Si les parents de Carole Cassier ont été éclairés par cette phrase issue de leur documentaire, nous la reprenons dans l'espoir que cela puisse parler à d'autres et même à tout le monde : « [Avoir des représentations], c'est une question de justice, une question de vérité, c'est un besoin, un plaisir de la découverte, une joie, de la fascination, je ne peux pas résumer en un mot ce que cela apporte que les lesbiennes soient dans l'histoire et reconnues dans l'Histoire. On a besoin de représentations pour mieux vivre, et pour vivre dans une société qui tend vers l'égalité et la prise en compte de la diversité humaine. »

Le dire ou ne pas le dire…

Au vu des réactions que suscite le lesbianisme de Rosa Bonheur et de l'absence de représentations soulignée par nos enquêtées, on comprend bien que cette étiquette porte quelque part préjudice à la personne qui en est affublée. Ce n'est pas vendeur, c'est sa vie privée… C'est le serpent qui se mord la queue, puisque aucune figure historique ou contemporaine n'émerge jamais pour renverser la tendance.

Cet effacement ancre le stigmate toujours plus profondément dans l'inconscient collectif, et en premier lieu dans celui des lesbiennes. Elles ne le savent que trop bien, « lesbienne » est un mot qui se suffit à lui-même pour insulter : « L'insulte est donc verdict. C'est une sentence quasi définitive, une condamnation à perpétuité, et avec laquelle il va falloir vivre[1]. » Les gays et lesbiennes apprennent leur « différence sous la brûlure de l'injure et de ses effets, dont le principal est assurément la prise de conscience de cette dissymétrie fondamentale qu'instaure l'acte de langage : je découvre que je suis quelqu'un dont on peut dire ceci ou

1. Didier Eribon, *Réflexions sur la question gay*, Librairie Arthème Fayard, 1999, p. 30.

cela, quelqu'un à qui on peut dire ceci ou cela, quelqu'un qui est l'objet des regards, des discours, et qui est stigmatisé par ces regards et ces discours[1]. » Alors on préfère souvent ne rien dire. La société entière nous y encourage d'ailleurs. Le dire est un dévoilement du stigmate, et on connaît le risque de discrédit qui va de pair avec lui.

Le stigmate, selon le sociologue Erving Goffman, est une marque physique ou morale susceptible d'entraîner le discrédit d'une personne[2]. Dans son analyse, il distingue deux types de stigmate : le premier est directement visible (la couleur de peau par exemple) et la personne qui le porte est d'emblée « discréditée », c'est-à-dire stigmatisée, mise à la marge parce qu'elle ne correspond pas à la norme. Le second n'est pas perceptible immédiatement, c'est-à-dire qu'il peut être dissimulé et que la personne qui le porte est « discréditable » tant que le stigmate n'est pas révélé. L'orientation sexuelle, par exemple, ne représente pas un

1. *Ibid.*, p. 26.

2. Les personnes stigmatisées présentent un attribut qui les disqualifie lors d'interactions avec celles ne possédant pas de stigmates, que Goffman nomme les « normaux », c'est-à-dire ceux qui ne s'écartent pas des attentes sociales. Dans le contexte de la publication de son livre (dans les années 1970 aux États-Unis), Goffman définit les normaux par un profil type, celui de « l'homme achevé [...] : le jeune père de famille marié, blanc, citadin, nordique, hétérosexuel, protestant, diplômé d'une université, employé à temps plein, en bonne santé, d'un bon poids, d'une taille suffisante et pratiquant un sport » (Erving Goffman, *Stigmate : les usages sociaux des handicaps*, Éditions de Minuit, Paris, 1975, p. 151).

marqueur directement visible, « car il est à la fois relatif au corps et au désir, et, la plupart du temps, invisible [...] il peut être dissimulé[1] ». Que ce soit en famille, au travail ou dans tout contexte social, les lesbiennes sont donc discréditables tant qu'elles cachent leur lesbianisme, tant qu'elles n'ont pas rendu publique leur différence par un acte qui s'exprime via le coming out ou une démonstration d'affection en public. Et, ça, les lesbiennes en ont pleinement conscience. La chanteuse Billie Eilish en a fait l'expérience récemment après avoir perdu plus de 100 000 abonnés sur Instagram à la suite de son coming out lors d'une interview. La même chose est arrivée au couple qui s'est formé sur le tournage en 2019 de l'émission *Le Meilleur Pâtissier* diffusée sur M6. Gabriella Da Rocha a perdu des centaines d'abonnés lorsqu'elle a posté un carrousel des photos de son mariage avec Victoire Christine sur Instagram.

Qui osera parler la première et prendre le risque d'être publiquement disqualifiée, tout en devenant la lesbienne de service ou la défenseuse des droits ? Face à cette gageure, la plupart des concernées jettent l'éponge.

Cette difficulté à faire émerger la parole, Élise Goldfarb et Julia Layani s'y sont confrontées quand elles ont

1. Laura Mellini, « Entre normalisation et hétéronormativité : la construction de l'identité homosexuelle », *Déviance et Société*, vol. 33, 2009, p. 9.

demandé aux personnalités LGBT de parler ouvertement de leur coming out pour leur podcast. Comme nous, elles ont dû commencer par une liste de noms, qui leur a permis d'identifier une quarantaine de personnes, parmi lesquelles il y avait 80 % d'hommes. Cette liste est montée à 80 personnes environ lorsqu'elles ont intégré les personnalités nouvellement populaires auprès des jeunes, telles que les influenceurs et influenceuses. Leur podcast met en lumière de façon très juste et sensible ce moment commun à toutes les personnes non hétéros.

Dans l'adaptation en livre[1] qu'elles en ont faite, elles se sont heurtées à la prudence de la plupart des femmes : celles-ci avaient anticipé les conséquences d'une telle exposition. Élise Goldfarb nous explique :

> Le ratio de femmes qui ont accepté d'être dans le livre a baissé par rapport au ratio de celles qui avaient accepté d'être dans le podcast. Un homme comme Xavier Dolan ne se relit même pas, Augustin Trapenard non plus, les mecs n'en ont rien à faire. Les femmes au contraire remettent leur parole en question en permanence. Il y en a beaucoup qu'on a retirées parce qu'elles se trouvaient « nulles », ou parce qu'elles avaient peur des représailles.

1. Élise Goldfarb et Julia Layani, *Coming out,* Stock/Spotify, Paris, 2023.

Ce silence, cette réserve ont également été observés par plusieurs journalistes qui ont tenté de contacter des comédiens et comédiennes gays et lesbiennes pour les faire réagir aux propos de Muriel Robin. La presse généraliste a ainsi découvert à son tour qu'il n'est pas si simple de trouver des personnalités prêtes à prendre la parole pour dénoncer l'homophobie ambiante. La journaliste Rozenn Le Carboulec se heurte au silence des agents et des comédiennes, et en fait un article dans *Libération*[1]. Les réponses qu'elle obtient sont typiques : « Ça risque de lui porter préjudice. » « Ce n'est pas le bon moment. » « Serait-il possible de voir quelles autres comédiennes ont accepté de répondre à vos questions ? » Elle écrit : « Les réponses des agents artistiques à nos demandes d'interviews, quand les mails n'ont pas simplement été ignorés, ne pouvaient mieux illustrer les propos tenus par Muriel Robin. » Sur l'antenne de Mouv'[2], Alice Coffin nous éclaire sur ce phénomène : « Il y a le fait de faire son coming out une fois et ne plus revenir sur le sujet, comme Bertrand Delanoë, ancien maire de Paris. C'est-à-dire qu'on ne revendique pas une parole publique politique en tant que gay ou lesbienne. C'est pour cela

1. « Pour les actrices lesbiennes, "faire ce métier malgré la lesbophobie, ça demande une grande force mentale" », *Libération*, Rozenn Le Carboulec, le 26 septembre 2023.

2. « Alice Coffin, figure des luttes féministes et LGBT, revient sur l'homophobie dans le ciné et dans la société », *Quinze*, podcast diffusé le 22 septembre 2023.

que beaucoup de gens ne veulent pas vous répondre, ce n'est pas tout de dire qu'on est une personnalité gay, mais est-ce que la personne assume derrière un discours politique ? » Ici, l'emploi du mot « assumer » a tout son sens puisqu'il renvoie aux conséquences en matière de coût sur la carrière.

C'est en effet une chose de se dire lesbienne, c'en est une autre de ne pas être réduite à ça. Et la chanteuse Pomme en a bien conscience : « Ce qui est difficile, c'est qu'à partir du moment où tu te considères comme lesbienne ou bi, et que les médias évoquent ton homosexualité, tu deviens un drapeau gay[1] », et lorsque l'étiquette est posée la part artistique passe au second plan. Aloïse Sauvage fait le même constat. Nous l'avons rencontrée au moment de l'effervescence médiatique autour des propos de Muriel Robin. D'elle-même, et avant qu'on ne commence l'entretien, elle nous a confié ne pas avoir voulu réagir aux déclarations de l'actrice lorsque des journalistes l'ont contactée : « J'aurais pu leur répondre, mais j'ai eu un rejet. Je me rends compte que les médias qui ont voulu m'interroger à ce sujet ne s'intéressent à moi que parce que je suis lesbienne. Le jeu médiatique m'a agacée, je ne sais pas s'ils attendaient de moi que j'aille dans le sens de Muriel, ou à l'opposé. Je passe mon temps à trouver cet équilibre entre devenir la lesbienne de service qu'on est toutes à un moment et

1. Élise Goldfarb et Julia Layani, *op. cit.*, p. 45.

rejeter ce rôle parce que les médias sont tellement bornés qu'ils te réduisent à ça en permanence. »

D'où le silence.

Lorsque nous avons présenté notre chiffre de 50 lesbiennes lors des entretiens, toutes les enquêtées ont réagi de la même façon : 50 lesbiennes ouvertement *out*, c'était très peu au regard du nombre que nous sommes censées être. Chacune a fait le lien avec la difficulté de se rendre visible dans son milieu professionnel. C'est une réalité. Nous aussi, il nous est arrivé de refermer les portes du placard dans le cadre du travail pour nous préserver, et parce que nous savions qu'une sortie modifierait bien des choses. Mais c'était compter sans les autres autour de nous. C'est ce qui s'est passé pour Sophie, *outée* par une collègue auprès de sa hiérarchie pour dénigrer son travail, ou pour Sarah, dont le contrat a failli ne pas être reconduit lorsque l'une de ses supérieurs hiérarchiques a su qu'elle était lesbienne.

La question de se rendre visible, de sortir ou non du placard, est très présente dans nos entretiens sans avoir été explicitement abordée par nous. Elle reflète aussi les résultats de la récente enquête « Visibilité ou invisibilité des lesbiennes au travail (Voilat)[1] », publiée par l'Ifop à

1. L'enquête a été menée auprès d'un échantillon de 1 402 femmes lesbiennes ou bisexuelles exerçant une activité professionnelle, extrait d'un échantillon représentatif de 2 431 femmes homosexuelles et bisexuelles âgées de dix-huit ans

la demande de L'Autre Cercle[1]. Grâce à cette étude, on apprend que 53 % des lesbiennes déclarent avoir subi au moins une discrimination ou une agression au travail et qu'elles sont 32 % à s'invisibiliser totalement de peur de subir du harcèlement. Dans ce contexte, l'invisibilité est une stratégie d'évitement et de préservation face à la lesbophobie, comme le soulève d'emblée Marie Docher : « Il y en a plein qui ne le disent pas au boulot parce que je pense que c'est dur. Il y en a beaucoup qui le masquent parce que c'est déjà demander beaucoup d'efforts d'être juste une femme, et le fait d'être lesbienne peut décrédibiliser, donc il faut que tu en rajoutes, que tu travailles deux fois plus. »

Caroline Mecary, l'avocate à qui les personnes LGBT doivent beaucoup en matière d'avancée des droits, nous reçoit dans son bureau. Notre entretien est chaleureux, malgré le côté solennel d'une salle de réunion. Pour elle, être lesbienne n'est évidemment pas un choix, « on choisit juste de l'assumer », précise-t-elle, avant d'ajouter qu'on vit beaucoup mieux une fois qu'on « est ce que l'on est ». Comme la plupart des lesbiennes, elle mentionne cette tension constante entre l'importance de la visibilité pour

et plus résidant en France métropolitaine. Les interviews ont été menées par questionnaire auto-administré en ligne du 9 novembre 2021 au 25 janvier 2022.

1. Créé en 1997, L'Autre Cercle est l'acteur français de référence qui œuvre pour l'inclusion des personnes LGBT+ au travail. Association loi 1901 reconnue d'intérêt général, elle regroupe aujourd'hui plus de 400 membres au sein de douze antennes locales sur toute la France.

soi et la visibilité auprès des autres : « Pour les lesbiennes cachées, globalement, ce n'est que du bénéfice. Même si parfois il y a quelques petites choses désagréables. La visibilité, c'est bien, pour soi, autour de soi, mais on n'est jamais à l'abri d'un retour de bâton. »

Marie Labory revient sur sa condition de lesbienne *out* au sein de la rédaction d'Arte où elle a travaillé plus de dix ans. Elle nous fait part des remarques récurrentes sur son physique, avec ses cheveux courts et son refus d'incarner esthétiquement ce que la société attend traditionnellement des femmes (en gros, des talons, du maquillage et des cheveux longs). Au détour de la conversation, elle parle de la façon dont d'autres lesbiennes s'invisibilisent, en passant en « sous-marin ». Dans son milieu, beaucoup ne le disent pas, « il y en a plein qui présentent [à la télé] et qui sont lesbiennes, mais elles n'ont pas les cheveux courts et elles sont maquillées comme des filles ». Donc on ne les voit pas. Elle raconte ensuite une anecdote qui lui est arrivée lorsqu'elle a croisé en soirée une personnalité bien connue du petit écran, lesbienne mais pas *out* : « Je l'ai vue changer de visage », raconte Marie Labory. La personne ne lui a pas adressé la parole de la soirée : « Dans son regard, j'ai senti qu'il fallait que je ne dise rien. C'était très clair. Donc c'est stigmatisant. Et il ne faut pas non plus être proche de quelqu'un de trop visible pour ne pas être associée au stigmate. »

Sur la question du placard, et sur notre fameux nombre de 50 lesbiennes *out* dans les médias, Mathilde Viot réagit en nous rappelant un fait marquant concernant la Première ministre de l'époque, Élisabeth Borne. Cet événement montre ô combien l'association au mot « lesbienne » est stigmatisante.

> 50 lesbiennes, ce n'est pas beaucoup, ça reste clairement le placard ! Je ne vais pas rentrer dans le débat sur Élisabeth Borne, mais le fait qu'elle attaque un bouquin parce qu'il y est dit qu'elle est potentiellement lesbienne traduit bien comment on voit les lesbiennes dans la société. En réalité, il y a beaucoup de femmes publiques qui sont lesbiennes, mais elles sont dans le placard.

Mélanie Vogel œuvre en politique depuis de nombreuses années. Et elle nous raconte en voir beaucoup, aussi, dans ce grand placard, tout en soulignant le clivage gauche/droite, qui, à son avis, serait déterminant quant à la visibilité des lesbiennes en politique :

> Au Sénat, je ne suis pas la seule lesbienne ! D'autres le sont, mais pas ouvertement, parce qu'elles ont peur des effets que cela pourrait avoir sur leur carrière politique. Pour ma part, je n'ai jamais pensé que cela pouvait me porter préjudice chez

les Écologistes. Par contre, ce n'est pas la même chose chez Les Républicains ou ailleurs. Une fois élues, certaines d'entre elles sont venues me parler pour me dire qu'elles aussi étaient lesbiennes, mais qu'elles ne voulaient pas faire comme moi parce qu'elles n'ont pas le même public et qu'elles ne s'adressent pas aux mêmes personnes. Comme nous sommes en France, elles ont sorti l'argument de l'universalisme : « On n'a pas à se définir par notre orientation sexuelle », « On est des élues comme tout le monde », « C'est la vie perso », etc. Elles sont *out* dans leur vie privée, mais elles n'ont pas fait leur coming out politiquement. Tout le monde le sait dans notre milieu mais, vous, par exemple, vous ne le savez pas, et elles veulent que cela reste ainsi. Je trouve que leur invisibilité coûte très cher, le coût est même plus élevé [que celui de la visibilité]. Personnellement, je suis prête à payer celui de la visibilité, mais pour elles le calcul n'est pas le même.

En dehors de Corinne Bouchoux, il n'y a jamais eu de sénatrice ouvertement lesbienne à notre connaissance. Si les lesbiennes se placardisent, c'est bien que la visibilité ne va toujours pas de soi, aujourd'hui encore, surtout lorsqu'il s'agit d'avoir affaire à un public (électorat, audience). À voir la force de réaction de la Première ministre de la République française pour se défaire de l'étiquetage (de la honte ?) la désignant comme potentiellement lesbienne[1], il est clair que le prix à payer reste encore trop important. Ce que Fatima Daas confirme : pour elle, c'est encore trop difficile d'être visible en France « parce que tu es réduite à ça et on ne regarde pas ton travail ».

Il y a le placard, celui qu'on s'impose parce qu'on connaît les risques, mais il y a aussi la société, si bien faite qu'elle réussit à créer une sorte d'injonction plus ou moins subtile de ne pas en sortir.

En 2012, par exemple, Shirley Souagnon se prépare pour le festival de Montreux, où elle prévoit de faire son sketch sur le fait d'être noire et lesbienne : « J'étais produite par une boîte qui m'a déconseillé de parler de mon homosexualité. Pourtant, en dehors, on n'avait aucun problème. Je leur présentais mes copines mais, quand j'ai voulu en parler sur scène, ils ont grincé des dents. » Shirley se souvient de ne pas avoir tout de suite compris la portée de la remarque « N'en parle pas », et aussi de la colère qui a suivi et qui lui a permis d'écrire. « On ne s'est pas fâchés, ils ne m'ont pas interdit de le faire non plus. J'ai quand même décidé

1. « Élisabeth Borne obtient de la justice le retrait de certains passages de sa biographie », *Mediapart*, Mathieu Magnaudeix, le 30 juin 2023. Élisabeth Borne a attaqué en justice les éditions de l'Archipel pour la parution de la biographie *La Secrète* de Bérengère Bonte. Elle a demandé notamment le retrait des passages concernant sa vie familiale, sa santé et son orientation sexuelle.

de faire ce sketch avec mon coauteur. Après cet incident, je me suis détachée de ma boîte de production. »

Elle se remémore aussi la période Europe 1, où l'animatrice de l'émission lui avait demandé de ne pas parler de sa compagne. « Il fallait que je dise que j'avais un mec à chaque fois, parce que soi-disant le public était trop vieux pour comprendre. » Mais elle a refusé.

> J'étais la seule personne à ne pas me travestir, et à dire « ma meuf » à chaque fois, malgré les regards noirs, alors qu'une autre collègue dans la même émission disait qu'elle avait un mec à l'antenne alors qu'elle était lesbienne. Moi je me battais pour ça, je lui disais que ce n'était pas possible. Si je fais du stand-up, c'est aussi pour être dans la vérité. Donc ça a été très dur, surtout que j'étais la seule à le faire de ma génération.

Nous retrouvons cette injonction au silence dans la plupart de nos témoignages. Marie Patouillet nous a confié une interaction similaire, lorsqu'une partie de son staff est venue la voir en disant : « Marie, franchement, t'es obligée de t'afficher avec ta nana sur les réseaux ? On s'en fiche, ta sexualité ne nous regarde pas », quand eux-mêmes postaient des photos de leur vie de famille sans se poser de questions.

C'est aussi ce qui est arrivé à Charlotte Bienaimé récemment, lorsqu'elle s'est décidée à faire son coming out dans son podcast. C'était pourtant en 2022, et elle raconte avec une pointe d'amertume la façon dont certains de ses proches s'interrogeaient sur sa démarche, en mettant en avant « le risque d'exposition de [s]on intimité ».

Les rappels à l'ordre s'accumulent tout au long de la vie, ils viennent de nos familles, de nos amis parfois, et des gens qui nous « veulent du bien ». Prendre la parole après ces rappels à l'ordre permanents ne devient pas un acte spontané, mais une démarche réfléchie qui s'inscrit dans une volonté politique. Charlotte Bienaimé ajoute : « En tant que personnalité publique, je trouvais que j'avais une responsabilité à le faire. Participer à multiplier les représentations. Ce qui m'a manqué personnellement, plus jeune. »

Se dire lesbienne

Contrairement aux idées reçues, sortir du placard, faire son coming out, n'est pas un acte unique, comme s'il y avait un dedans et un dehors, un avant et un après. Le placard, celui de l'autocensure ou de l'interdiction, n'est pas un espace hermétiquement fermé. Pour reprendre l'expression d'Eve Kosofsky Sedgwick, c'est « un placard de verre[1] » dont on ne sait jamais, « quand on est dedans, qui sait qu'on s'y trouve, et qui l'ignore[2] ».

Selon le sociologue Didier Eribon, « le coming out, c'est le projet de toute une vie : car la question se pose toujours de savoir où, quand et devant qui il est possible de ne pas cacher ce que l'on est. La nécessité de choisir réapparaît dans chaque nouvelle situation de l'existence : pour un enseignant qui se retrouve devant une nouvelle

1. Eve Kosofsky Sedgwick, *Épistémologie du placard,* Éditions Amsterdam, Paris, 2008.

2. Rostom Mesli, « Placard », *in* Juliette Rennes (dir.), *Encyclopédie critique du genre,* La Découverte, Paris, 2016, p. 455.

classe ou un nouvel amphi, pour un étudiant qui rencontre son directeur de thèse, pour tout gay ou toute lesbienne devant un nouveau médecin, un nouvel employeur, un nouvel environnement professionnel, ou tout simplement face au marchand de journaux ou au chauffeur de taxi qui tiennent des propos homophobes[1] ».

Le placard est toujours un « secret public », un ami ennemi constant, qui structure la vie des gays et des lesbiennes.

C'est une chose de *se dire lesbienne*[2], de se le dire à soi et de le dire à son entourage. On mesure les enjeux, on choisit le timing au fur et à mesure que l'on pénètre certaines sphères – qu'elles soient amicales, familiales, professionnelles. Cette gestion de ses coming out répétés est une charge qui incombe à toute personne non hétéro. Mais la question de le dire lorsque l'on est une personnalité publique est une gageure. Car, si cela « relève du privé », comme peuvent le penser ceux et celles qui soutiennent que ce n'est pas un sujet, pourquoi le passage à la lumière n'est-il pas aussi évident pour les concernées ?

Ce placard de verre, nous le connaissons bien aussi toutes les deux. Si nous pensions être *out* dans nos vies (travail, amis, famille, etc.), la question de notre visibilité nous est

1. Didier Eribon, *op. cit.*, p. 164.

2. *Se dire lesbienne* est le titre de l'ouvrage de Natacha Chetcuti-Osorovitz, paru aux éditions Payot en 2010.

apparue sous un angle nouveau l'an dernier. Il s'agissait de participer au travail de la photographe Marie Docher, lauréate de la grande commande de la photographie pour la BnF, qui rassemble des portraits de lesbiennes dix ans après les manifestations homophobes et l'adoption du mariage pour tous. Marie est une amie, et nous avons accepté sa proposition tout de suite. On s'est prêtées au jeu des photos, de l'interview. Lorsque l'exposition a été déclinée en un livre grand public (*Et l'amour aussi*, paru à La Déferlante) et qu'il a été décidé qu'en couverture figurerait une photo de nous en train de nous embrasser, de nouvelles questions ont soudainement surgi. Sophie, pourtant ouvertement lesbienne, a été surprise à se sentir mal à l'aise à l'idée que cette intimité soit rendue publique. Sarah, déjà *out* par sa thèse (dont le thème est « la place des lesbiennes dans la ville ») et ses différents articles publiés dans la presse, avait fait ce chemin une première fois, non sans difficultés, face aux remparts académiques. Cependant, lorsque le livre est sorti, elle a pris conscience qu'elle n'était pas *out* auprès des élèves du collège où elle travaille, et elle s'est soudain demandé quelles conséquences cet ouvrage pourrait avoir s'ils la reconnaissaient en passant devant une librairie. Dans notre société encore beaucoup trop frileuse sur ces sujets où la vindicte éclate vite, être *out* en milieu clos, contrôlé en quelque sorte, est différent de l'être en milieu ouvert, où il y a forcément un risque que quelque chose nous échappe.

Rapidement, nous avons réalisé que la plupart des personnalités que nous étions en train de rencontrer avaient intégré la question lesbienne dans leur activité professionnelle, qu'elles la rendaient visible chacune à leur façon. Face à ce constat, nous avons essayé de comprendre dans quelle mesure être lesbienne en était la cause ou une conséquence naturelle – voire les deux.

Sauter le pas

Charlotte Bienaimé a fait irruption en terre lesbienne tardivement, en annonçant en introduction du quarantième épisode d'*Un podcast à soi* : « Une idée étrange m'a longtemps habitée : j'avais la sensation que ma vie n'avait pas commencé. Jusqu'au jour où je l'ai laissé exister, ce désir. Aujourd'hui j'aime les femmes. Aujourd'hui j'aime une femme. Et cet amour me procure une joie profonde[1]. »

C'était la première fois qu'elle en parlait publiquement. Lorsque nous avons rencontré Charlotte, nous lui avons évidemment demandé ce qui l'avait décidée à se dire lesbienne à l'antenne. Elle nous a répondu avoir voulu le faire à la radio parce que c'était son endroit : « C'est dans ce podcast que je voulais le dire, dans cet espace que j'ai pu construire aux côtés de toutes les autres femmes interviewées, y compris des lesbiennes. Je me sentais protégée. » Si ce geste a été possible pour Charlotte Bienaimé, c'est aussi peut-être

1. « Nos désirs font désordre », *Un podcast à soi*, n° 40, Arte Radio, épisode diffusé le 6 janvier 2023.

parce qu'elle occupe une place particulière, voire rare, dans le paysage médiatique, Arte Radio lui laissant une grande liberté de création, et donnant des espaces précieux aux récits de lesbiennes. Ce qui ne l'a pas empêchée d'hésiter longtemps avant de sauter le pas, appréhendant les risques qu'une telle annonce pouvait engendrer : « Même si je savais au fond de moi que j'allais le faire. »

On retrouve dans le témoignage de Charlotte les craintes directement liées aux mécanismes de la réaction lesbophobe que sont l'exposition d'intimité et l'accusation de militantisme. Dans son cas, elle nous a confié sa peur de voir son émission soudainement étiquetée *émission lesbienne.* « Je me suis demandé quels risques je prenais à en parler publiquement et c'est principalement celui d'être accusée de radicalisation qui m'a freinée. » Dans cette optique, la peur de perdre des auditeurices a été aussi très présente : « Je me demandais si je n'allais pas perdre des gens en route », ce qui n'a pas du tout été le cas finalement, bien au contraire, puisque de nombreuses femmes, lesbiennes ou pas, lui ont témoigné avoir été touchées personnellement par ce coming out. Ce qui fait dire à Charlotte Bienaimé, aujourd'hui, que cette décision était importante.

Comme Charlotte Bienaimé, c'est sur les planches du stand-up, son endroit à elle, que Tahnee s'est dite lesbienne publiquement. Elle en parle depuis ses premiers sketchs dans les comedy clubs. Un de ses sujets de prédilection, comme elle dit, est « le fait d'être lesbienne et métisse ».

C'est la raison pour laquelle il n'y a pas eu de « révélation » auprès de son public. Des médias comme Komitid ou *Les Témoins d'outre-mer* sur France Ô se sont faits l'écho de son travail et l'ont invitée pour en parler, ce qui lui a donné une certaine visibilité : « J'ai l'impression qu'il y a eu assez vite des retours positifs parce que c'était rare d'aborder ces sujets sur scène. » La presse féministe et *Télérama* s'en emparent à leur tour et relaient le Comédie Love en mentionnant Tahnee. Mais c'est un titre de la presse locale qui va la marquer durablement : « Comme les journalistes cherchent un angle d'attaque et que je dis dans mon spectacle que j'ai grandi en Normandie, *L'Éveil normand* a titré "Tahnee, l'humoriste lesbienne originaire de Bernay, part en tournée". C'était juste après mon passage sur Canal+ où j'avais choisi de faire ma blague : "Je suis lesbienne et noire. Lesbienne et noire sont les deux mots que les gens n'arrivent pas à dire. Je suis Voldemort !" »

Tahnee raconte son étonnement lorsqu'elle s'est rendu compte que l'article en question pouvait faire polémique. Comme souvent en ligne, tout s'est passé en commentaires, du type : « Mais pourquoi vous précisez qu'elle est lesbienne ? » ou « Ça ne nous regarde pas », comme si cette information relevait de l'indiscrétion. Elle a dû elle-même commenter : « J'ai dit que tout était OK, que j'en parlais moi-même dans mon spectacle, donc que c'était normal que ce soit en titre. » L'ampleur des débats l'a prise de court, « j'ai vu à quel point c'était tabou, et que le simple fait d'en parler, de dire "noire" et "lesbienne", ça pouvait gêner les gens. À chaque fois que quelqu'un fait son coming out, c'est souvent ce genre de commentaires qui revient : "Et alors ? C'est privé, ça ne nous regarde pas" ».

Comme Tahnee, Aloïse Sauvage nous dit s'être rendue visible en tant que lesbienne par le biais de sa musique : « Parmi les premiers morceaux, il y avait "À l'horizontale" et "Jimy", qui abordaient déjà ce sujet. On m'a très vite posé la question et je ne l'ai jamais caché. Les gens m'ont connue comme étant lesbienne. Je peux dire que le début de ma médiatisation équivaut presque au début de mon lesbianisme. »

Si Charlotte Bienaimé, Tahnee ou Aloïse Sauvage ont choisi le lieu et l'endroit de leur visibilité, on pourrait parler de quiproquo pour Marie Patouillet, championne du monde de paracyclisme. En la rencontrant chez elle, entourée de son chien et de son chat, nous avons appris qu'en cyclisme le maillot de championne du monde est non pas un maillot jaune, comme pour le Tour de France, mais un maillot arc-en-ciel. Pour médiatiser leurs performances sur les réseaux sociaux, les cyclistes médaillés mettent sur leur profil une émoticône arc-en-ciel suivie des médailles, au lieu d'écrire littéralement « championnat du monde ». Vous voyez le quiproquo venir[1], et ça n'a pas loupé. Deux personnes ont écrit à Marie sur ce malentendu :

1. Pour ceux et celles qui ne le savent pas, les couleurs du drapeau du mouvement LGBT sont celles de l'arc-en-ciel.

La ville de Paris m'a contactée pour un projet autour de témoignages sur l'homophobie dans le sport. Et puis Lesbien raisonnable, un média confidentiel lesbien, m'a contactée quand il a vu cet arc-en-ciel sur mon profil. Je me suis retrouvée avec ces deux demandes issues d'un quiproquo. J'étais *out* partout (tout le monde savait que je vivais avec ma compagne de l'époque), mais publiquement je n'en parlais pas. Avant je pensais que seule ma performance comptait. Je n'avais pas réalisé que, lorsqu'on participe à une compétition internationale, on vient faire une performance, mais que la position est politique aussi. Et je ne l'ai pas perçu tout de suite. Après ces deux contacts, je me suis posée une semaine, et j'ai décidé de faire en premier l'entretien avec Lesbien raisonnable. On a eu une discussion sur le coming out public, elle m'a un peu secouée ! Dans le milieu du sport, si des personnes se sentent les épaules un peu larges pour le faire, et ont des bouées de secours solides, il faut qu'elles le fassent. Moi j'ai un métier derrière, si je me fais virer demain, si je galère à porter ce combat, alors je redeviendrai médecin.

Marie Labory ne s'est pas posé la question de sa visibilité en ces termes. Jeune journaliste en poste, elle nous raconte avoir assisté à l'Europride et à la Gay Pride, où « il y avait des caméras partout ». Après cet événement, elle l'a très vite dit dans son milieu professionnel. « C'était de l'exaltation, une grande joie. » Elle précise : « Comme j'étais plutôt bonne dans ce que je faisais, je n'avais pas peur professionnellement. Il y avait une forme d'inconscience aussi. » Après quelques années passées dans des antennes locales en tant que reporter pour France 3, elle décide de se lancer dans l'aventure de Pink TV en 2005, première chaîne à destination d'un public homosexuel, où elle coprésente pendant deux ans *Le Set*, un magazine quotidien. Au regard de son parcours, elle reste l'unique journaliste ouvertement lesbienne dans le paysage audiovisuel français.

Le cas d'Alice Coffin est singulier, puisqu'elle ne voit pas à quel moment elle aurait pu être vue médiatiquement comme hétérosexuelle. Elle n'a jamais eu la nécessité de dire qu'elle était lesbienne, puisque les actions qui l'ont amenée à une visibilité publique étaient déjà liées à ses activités professionnelles et militantes autour des thématiques féministes et lesbiennes. En tant que journaliste, elle n'a pas caché qu'elle avait une compagne et qu'elle était lesbienne, « c'était toujours très revendiqué » dans son milieu professionnel. Elle précise qu'elle n'a pas eu à faire de coming out particulier devant la presse ou lors d'un rassemblement :

En revanche ça se reproduit tout le temps, c'est-à-dire que, dans les différentes sphères publiques que j'ai traversées, il y a toujours la nécessité de le réaffirmer. Par exemple, c'était le cas lorsque je me suis présentée lors de la campagne municipale des élections parisiennes en 2020. On a eu une discussion avec celle qui est maintenant la maire du 12e concernant ma bio de présentation sur le tract qu'on distribuait aux gens et qui allait être visible sur Internet. Pour moi, c'était important de faire apparaître que je suis lesbienne et militante féministe, ce qui a tout de suite été accepté par les écolos et par la maire, qui m'a particulièrement soutenue. Ça aurait pu coincer très facilement dans un autre contexte, vraiment. D'ailleurs, cette mention a quand même suscité des réactions parmi des gens du parti, qui se demandaient si c'était nécessaire de l'écrire noir sur blanc. Ça a été perçu comme un acte militant, comme quelque chose qui pouvait détourner une partie de l'électorat. Pourtant, même si la maire n'a pas pensé que ça allait de soi, elle a voulu l'endosser.

Je me souviens aussi que ça a suscité pas mal d'interrogations sur les marchés, on me demandait pourquoi je le précisais. Pour moi, c'était une forme de réaffirmation dans cette nouvelle activité politique. Je ne me cache pas.

Pendant notre entretien elle nous a confié que la sortie de son livre, *Le Génie lesbien,* paru chez Grasset en 2020, a acté sa visibilité en tant que lesbienne pour les médias et le grand public.

Tout comme Alice Coffin, ou Marie Labory avec Pink TV, Caroline Mecary a très vite associé à son activité d'avocate la question des droits des personnes LGBT.

> À partir du moment où j'ai commencé à défendre des lesbiennes et des gays, et surtout quand j'ai écrit le « Que sais-je ? » qui s'intitulait *Les Droits des homosexuel/les,* sorti en 1998, on m'a tout de suite mis une étiquette. Donc je n'ai pas eu besoin de le dire. Ce livre et mes engagements dans mon métier ont fait que j'ai été cataloguée lesbienne. Je n'ai pas démenti. Je ne m'en suis pas préoccupée, je n'en avais rien à faire. L'événement professionnel où je l'ai affiché, c'est le bal du bâtonnier en 2005. À cette époque, c'était un événement public, organisé par le barreau de Paris et très mondain. J'y suis allée avec ma conjointe que je présentais à tous en disant « Voici mon mari, elle s'appelle Fleur ». Là, c'était clair pour tout le monde.

Pour Marie Docher la visibilité s'est construite graduellement par le biais de son travail de photographe, et son point d'orgue a eu lieu en 2023, lorsqu'elle a été lauréate de la grande commande photographique de la BnF et du ministère de la Culture. À soixante ans, sa visibilité est le fruit d'un long processus :

> Je sais qu'il y a dix ans je n'aurais jamais participé à un projet comme celui-là, j'aurais fui. Donc, oui, ce projet me rend visible en tant que lesbienne et j'ai même indiqué récemment sur ma bio Instagram : *lesbian photographer*, ou quelque chose comme ça. Avant, je ne le disais pas publiquement. Après cette période des débats[1], que j'ai très mal vécue, j'ai publié un livre qui m'a rendue visible : *Alors je suis devenue une Indien d'Amérique*, publié aux Éditions iXe, qui raconte mon histoire intime et politique et dans lequel je parle de ce moment où je me dis lesbienne. Donc, oui, dans mon métier, les gens savent que je suis lesbienne et puis je publie pas mal de contenus sur Facebook sur le sujet.

Mélanie Vogel, sénatrice, fait partie de celles qui l'ont toujours dit dans leur milieu professionnel. Depuis ses

1. Marie Docher mentionne les débats sur le mariage pour tous, qui ont duré des mois. Durant cette période, la parole homophobe a envahi les médias par le biais de La Manif pour tous, encourageant les actes de violence contre les personnes LGBT.

débuts à la Maison de l'Europe à Paris et, par la suite, au Parlement européen. Si elle ne l'avait jamais caché, elle ne l'avait pas volontairement médiatisé non plus, et toute la nuance réside ici. Sa visibilité publique en tant que lesbienne a été pensée et voulue lorsqu'elle a rencontré sa compagne actuelle, Terry Reintke :

> C'est une relation qui est née dans un cadre professionnel. J'étais conseillère politique au groupe des Verts au Parlement européen, elle y était députée. On a tout de suite voulu, pour des raisons politiques et aussi parce qu'on voulait que ce soit su, le dire très rapidement. On a commencé à poster des photos, et j'en ai fait quelque chose dès que j'ai eu des responsabilités politiques[1].
> Dans ma vie professionnelle ça a toujours été là, mais le moment que les gens retiennent, c'est lorsque j'ai été élue sénatrice. Les journalistes politiques m'ont identifiée à ce moment-là comme personnalité politique lesbienne.

Comme on l'a vu avec les témoignages précédents, le coming out public est un processus plus ou moins contrôlé. Il est pensé, maîtrisé, il passe par une œuvre, comme pour Marie Docher, ou par la spécialisation d'une activité

1. Élue à la direction du Parti vert européen, puis sénatrice.

professionnelle, comme c'est le cas pour Marie Labory ou Caroline Mecary.

Mais est-ce le cas pour tout le monde ?

Avec l'expérience d'Élise Goldfarb et Julia Layani, nous entrons dans la zone grise. Élise et Julia ont toujours travaillé ensemble, ont monté leur agence, et le sujet de leur lesbianisme n'était pas un enjeu particulier. C'est en travaillant sur leur podcast *Coming Out* que la question de leur visibilité lesbienne s'est déplacée à un niveau supérieur, hors du cocon de leur cercle privé. Julia s'est dite lesbienne parce qu'elle a été forcée de le dire avec leurs travaux : « Lorsqu'on a créé *Coming Out* on a répondu à des interviews pour promouvoir ce projet, on a dû dire qu'on était lesbiennes et ça a été une souffrance pour moi. » Élise confirme avec beaucoup d'empathie : « Oui, elle n'arrivait pas à dire le mot. »

La complexité du coming out se situe à plusieurs endroits. Trouver le moment de le dire, savoir si c'est pertinent, si cela ne va pas être considéré comme une entrave, si c'est de l'ordre du privé comme le pensent souvent les proches hétéros. Mais le coming out peut aussi être la conséquence d'un *outing*, d'une justification soudaine lorsque les journalistes s'emparent de cet aspect précis de la vie d'une personne. Ce que dit très clairement Aloïse Sauvage : « Dans la musique, certaines n'en parlent pas, sauf dans leurs sons, et les médias ne leur posent jamais de questions. Et je m'en veux de me dire qu'elles ont bien joué. En réalité, une fois que tu en parles, c'est mort. L'équilibre à trouver est assez violent. Je pense à ma famille, qui me demande parfois pourquoi j'en parle souvent dans les interviews. Ils ont peur que ça m'enferme. Mais, en fait, ce n'est pas ça : je ne fais que répondre aux questions qu'on me pose. Et, comme le fait que je suis lesbienne me différencie d'autres artistes, les médias le mentionnent quasi systématiquement. Si j'en parle, c'est pour les autres, pas pour moi. »

La violence de la norme

On se rend compte de la violence de la norme au moment où l'on s'en écarte. Erving Goffman l'explique très bien : « C'est lorsque les normaux et les stigmatisés viennent à se trouver matériellement en présence les uns des autres [...] que les deux parties se voient contraintes d'affronter directement les causes et les effets du stigmate[1]. »

Shirley Souagnon n'avait pas choisi de parler publiquement de son lesbianisme au départ, elle a dû penser sa visibilité après avoir subi un *outing*. Son écart à la norme hétérosexuelle a été pleinement pointé du doigt par une animatrice radio et en direct. Elle se souvient :

> Ça s'est fait en deux temps. Le premier a été une tentative d'*outing* de Brigitte Lahaie en

1. Erving Goffman, *op. cit.*, p. 25.

2010, dans son émission de radio sur RMC. À l'époque, je n'avais aucune difficulté à parler de ce sujet dans ma vie privée, mais je me suis rendu compte que, dans les médias, ça me posait problème, et je ne savais pas pourquoi. Je n'avais pas réfléchi à la question. Ce jour-là, Brigitte m'a demandé en direct quel type de public assistait à mes spectacles, et je lui ai répondu que c'était varié : des hétéros, des homos. Elle m'a alors demandé comment je reconnaissais les homos et j'ai senti à ce moment-là l'entonnoir se refermer. J'ai regardé mon attachée de presse par la vitre du studio, qui m'a fait comprendre que j'allais devoir me débrouiller toute seule. J'ai réalisé qu'il y avait une sorte de gêne de ma part à en parler. Je ne l'ai pas vraiment dit à ce moment-là, mais je sais que les médias ont relayé l'info parce que le journal *20 minutes* suisse a repris en titre « Shirley Souagnon, l'humoriste, avoue son homosexualité ». C'était très violent.

Deux ans après il y a eu La Manif pour tous et, là, j'ai compris qu'il y avait une violence dans mon pays, et en moi, qu'il fallait régler tout de suite. À cette époque je devais faire le festival de Montreux et j'ai décidé de faire ce sketch qui parlait de mes accumulations : le fait d'être noire, femme, lesbienne, pour montrer que ce n'était pas un problème.

Dix ans après ce qu'a vécu Shirley Souagnon, Fatima Daas crée la polémique en 2020 avec la sortie de son livre. Elle nous raconte son vécu dans un café un peu bruyant sur les quais du canal Saint-Martin un après-midi d'avril. Avec elle, on comprend à quel point il est toujours difficile, en France, de penser les identités comme pouvant être multiples, croisées. Son expérience dans l'arène médiatique n'a pas été simple, et elle en est ressortie très abîmée. Cette autrice contrevient à plusieurs normes, et les journalistes s'agacent. Ils ne voient pas qu'ils sont eux-mêmes les produits directs de cette norme qui pose sur elle un regard que les sociologues qualifient de surplombant. Fatima Daas le prend de plein fouet tout au long de la promotion de son livre. On lui demande de se justifier sans jamais parler du contenu de son roman et on confond son discours avec celui de sa narratrice. Face aux médias, elle doit prouver en permanence qu'elle peut être lesbienne et musulmane, et sa posture dérange. Les deux facettes de son identité sont systématiquement mises en opposition, comme si l'une annulait l'autre. Être lesbienne devenait tout à coup socialement accepté dans le discours médiatique, comme si les années de Manif pour tous et l'histoire en général n'avaient jamais eu lieu. Parce qu'elle revendiquait aussi le fait d'être musulmane, les journalistes lui rétorquaient qu'elle devait se libérer de sa religion pour vivre pleinement sa vie lesbienne. Tout comme Shirley

Souagnon, elle se sent prise en étau lors d'une interview de la matinale de France Inter :

> Pour moi ça a été très important d'arriver et de dire : je suis lesbienne et je suis musulmane, et c'est comme ça que je me présente. Mais, en même temps, ça m'a vite lassée parce que je voulais parler de tout ce qu'il y avait dans mon livre, et pas seulement de ça. Je me souviens d'un moment marquant, violent aussi, à la matinale de France Inter avec Léa Salamé. L'interview était très rapide, je n'ai pas eu le temps de la nuance. Et il y a eu cette question : « Mais est-ce que vous, en tant qu'autrice, en tant que personne, vous considérez que l'homosexualité est un péché ? » À partir de là, j'ai senti que le fait d'être visible en tant que lesbienne et musulmane se retournait contre moi. Je suis sortie en ne pensant pas avoir dit quelque chose de spécial, quelque chose que je n'avais pas déjà écrit dans mon roman. C'est là que j'ai réalisé que je n'étais pas « la bonne lesbienne », quand j'ai répondu que, oui, dans l'islam, c'est considéré comme un péché.

Son parcours médiatique fait écho à la tension que génèrent publiquement les deux facettes de son identité, et à aucun moment les médias n'ont mentionné le fait que son personnage était libre, qu'elle ne s'interdisait rien :

Un journaliste sur France Culture m'a dit : « C'est quand même compliqué là ! Vous ne trouvez pas que vous vous gâchez la vie ? » Pendant la moitié de l'interview, il voulait que je dise que c'était mieux en France qu'en Algérie, que mon livre n'existerait pas en Algérie, alors que je suis née en France. Tout ça pour qu'il me dise que c'est compliqué d'être musulmane et lesbienne. On m'a dit que je cochais toutes les cases, comme si j'en cochais trop : lesbienne, musulmane, issue des quartiers populaires. On en est là.

Le vécu de Fatima Daas n'est pas unique, Mélissa Laveaux rencontre la même tension : « En France on me demande de choisir entre la cause noire et la cause lesbienne. Il y a cette idée que tu n'es plus une femme si tu es lesbienne, tu n'es plus noire si tu es lesbienne. Les gens ont du mal avec cette accumulation, alors que j'existe ! Je ne sais pas si c'est du racisme ou de l'ignorance voulue. »

Cette notion « d'accumulation » qu'elles décrivent, en parallèle à une injonction de « choisir son camp », nous mène inévitablement à une autre notion en sciences sociales qui est l'intersectionnalité. Ici, il ne s'agit pas tant d'un cumul comme on peut le lire parfois, mais « d'un outil d'analyse qui permet de pointer les personnes qui se situent au croisement de plusieurs rapports sociaux, en particulier ceux de "race", de classe, de genre mais aussi de sexualité[1] ».

Intersectionnalité

L'intersectionnalité est un concept forgé par la juriste Kimberlé Crenshaw en 1989. Son apparition est le résultat d'une longue réflexion sur l'articulation des rapports de pouvoir, menée en amont par des écrivaines et militantes africaines-américaines (Combahee River Collective, Audre Lorde, Angela Davis, bell hooks, Patricia Hill Collins, Sojourner Truth), majoritairement issues de classes populaires, qui soulignaient la situation des femmes noires aux États-Unis.

Dans le milieu académique, cette notion est devenue le terme privilégié pour penser les expériences minoritaires situées au croisement de différents rapports de pouvoir. Plus précisément, cette notion offre un cadre pour « analyser les expériences de discriminations et la condition minoritaire qui en découle[2] ».

1. Sarah Jean-Jacques, *Des lesbiennes dans la ville : entre visibilité et invisibilisation. Expériences et pratiques des espaces publics à Paris* (thèse de doctorat), université Paris Cité, 2023.

2. Éléonore Lépinard et Sarah Mazouz, *Pour l'intersectionnalité*, Anamosa, Paris, 2021, p. 31.

La perspective intersectionnelle, comme nous l'avons dit plus haut, ne propose pas l'idée de cumul des oppressions, mais permet de comprendre l'articulation de ces oppressions entre elles à un instant T. Cela consiste à « poser l'autre question », selon la formule de la juriste Mari Matsuda[1] : face à une manifestation de lesbophobie, il s'agit de se demander quelle en est la dimension sexiste ou raciste par exemple, à l'image de l'expérience de Fatima Daas. L'intersectionnalité est un outil conceptuel qui permet de comprendre, dans une situation précise, comment une ou plusieurs discriminations émergent simultanément, et non pas additionnellement.

Le coming out peut aussi être le résultat d'une agression lesbophobe, comme ça a été le cas pour Mathilde Viot. En juin 2021, sa compagne de l'époque et elle ont été agressées physiquement dans la rue alors qu'elles fêtaient leur premier anniversaire de vie commune. « Cette agression m'a amenée à écrire un courrier à Mediapart pour raconter ce qui s'était passé et pour raconter la violence de cet homme qui avait voulu nous ramener à l'ordre en nous expliquant premièrement qu'on n'avait rien à faire dans la rue, et deuxièmement que la rue lui appartenait.

1. Mari Matsuda, « Beside My Sister, Facing the Enemy: Legal Theory out of Coalition », *Stanford Law Review*, vol. 43, Issue 6, 1991, p. 1183-1192.

Il y avait des choses dans son vocabulaire qui étaient tellement enrageantes. »

Mathilde Viot et sa compagne écrivent une lettre ouverte à leur agresseur dans Mediapart[1], qui a été rapidement suivie d'une invitation sur le plateau de l'émission *À l'air libre*[2]. « Ils m'ont invitée le lendemain ou le surlendemain à parler de lesbophobie avec Alice Coffin et Coumba Samaké, et mes employeurs ont été mis au courant par cet événement-là. »

Elle se souvient de ne pas avoir particulièrement voulu faire de coming out : « Je voulais juste montrer ce qu'est encore aujourd'hui la lesbophobie. J'étais tellement en rage contre ce type – d'ailleurs la plainte n'a pas avancé, rien n'est déposé au parquet, il est encore propriétaire de son bar dans le 20ᵉ. J'étais en rage contre la violence qu'on a subie. Il y avait un tel degré d'injustice que j'étais révoltée. Je l'ai fait [mon coming out] pour dénoncer les violences homophobes. »

Aujourd'hui Mathilde Viot a trente-sept ans et elle se sent capable d'encaisser les remarques : « Même si je me prends des trucs sur Internet, je m'en fiche, j'ai la maturité et l'énergie. »

1. « On fêtait nos un an », Le Club de Mediapart, le 16 juin 2021.

2. « Lesbophobie : "C'est là, partout, au quotidien" », *À l'air libre*, émission diffusée le 23 juin 2021 (en libre accès sur le site de Mediapart). Invitées : Alice Coffin (élue et militante), Coumba Samaké (Féministes contre le cyberharcèlement) et Mathilde Viot (Chair collaboratrice).

L'universalisme made in France

La France n'a pas la culture du coming out. On a beau dire que tout le monde a sa place dans la société, qu'on est pour la diversité, il y a peu, trop peu de personnalités *out* autour de nous. Ça coince, ça dérange, ça fait tiquer notre façon d'envisager le collectif. L'universalisme républicain est d'ailleurs souvent brandi comme un rempart face à la prise de parole des personnes minorisées. Dans cette logique, le particulier (de fait, le différent) ne saurait incarner le général, alors que l'inverse est tout à fait possible. La parole d'une personne minorisée est perçue non pas comme une information, mais comme une menace à la cohésion du groupe, voire à la nation tout entière. En France, si l'on n'incarne pas la norme dominante, que ce soit par sa couleur de peau, ses origines, sa sexualité, sa religion ou son genre, on est *de facto* accusé de parti pris, de subjectivité, voire de communautarisme, comme si la communauté se situait en dehors de la société.

Cette façon de penser à la française est mentionnée par quatre journalistes, qui sont, par leur métier, sensibles à la façon dont l'information peut être traitée par l'ensemble de la profession et qui ont été suspectées de ne pas être « neutres ».

Alice Coffin y a été confrontée lorsqu'elle a voulu traiter des sujets d'actualité :

La lesbophobie, je l'ai d'abord perçue quand je travaillais en tant que journaliste à *20 minutes.* C'était en 2012-2013 au moment du mariage pour tous. Mon chef de service et le rédac chef m'ont explicitement dit que je n'avais pas le droit d'écrire des articles sur le sujet parce que j'étais lesbienne, donc soi-disant « biaisée ». Ils m'ont convoquée plusieurs fois pour m'expliquer qu'il fallait être « neutre » sur le sujet vis-à-vis de notre lectorat. Selon eux, il y avait un soupçon de parti pris parce que j'étais connue aussi en tant que militante lesbienne et membre de l'Association des journalistes LGBT. Tout cela s'est passé en interne, au sein du journal, mais ça a eu des conséquences sur mon apparition dans la sphère publique, puisque je ne pouvais ni signer des articles sur le sujet ni travailler dessus. C'est une certaine conception du journalisme qui part d'une méfiance, et c'est aussi de la lesbophobie.

Marie Labory fait le même constat, à savoir qu'il est « trop dangereux d'être visible » en tant que lesbienne dans une rédaction. Elle cite en contre-exemple Rachel Maddow, aux États-Unis, où « il n'y a pas de problème ». Selon elle, l'idée persiste dans les différentes rédactions françaises « que tu ne peux pas être objective si tu es lesbienne. Tu ne peux pas parler à tout le monde ». Elle revient sur la notion d'universalisme républicain, « sauf qu'il n'y a que les hétéros qui peuvent être les représentants de cet universalisme-là ! On avait parlé avec Christine Bard du fait que la notion de la République une et indivisible a empêché énormément de combats d'aboutir et d'infuser vraiment dans la société. Ces luttes sont considérées comme du communautarisme ». Si Marie Labory n'avait pas été à l'initiative de sujets sur la PMA et le mariage pour tous, aucun autre journaliste d'Arte ne l'aurait fait :

> Pour le mariage pour tous, on ne m'a pas beaucoup sollicitée. Mais il y a autre chose, c'est qu'Arte, ma chaîne de l'époque, ne m'a pas sollicitée non plus, ce qui est très bizarre. Je suis quand même la seule lesbienne *out* du PAF [paysage audiovisuel français], j'étais sur Arte, et ils n'ont rien fait, jamais ! C'est quand même troublant... pourtant c'est la chaîne ouverte sur le monde par excellence. Sur la question de la PMA, c'était encore plus flagrant, je suis passée sur toutes les chaînes sauf sur Arte alors que j'y travaillais. Je me suis démenée comme un beau diable au moment du mariage et au moment de la PMA pour que ma rédaction fasse des sujets, et c'était toujours à mon initiative. Jamais personne dans la rédaction ne le faisait.

Dans quel but empêche-t-on les journalistes lesbiennes de parler des lesbiennes ? Quel risque y a-t-il à laisser des personnes concernées rendre compte d'une réalité ? Les journalistes qui ont des enfants font bien des sujets sur les crèches, non ?

Une personne hétéro ne verra pas l'information qui ne la touche pas de la même manière, simplement parce qu'elle porte en elle un biais hétérocentré jamais remis en question, tout en reprochant à l'autre sa position située. Cette façon de faire à la française est aussi discutée par Anna Polonyi et Carole Cassier. Elles ont passé plusieurs années aux États-Unis et, à leur retour, elles ont pu mettre en perspective les réactions françaises concernant certains sujets. Anna Polonyi raconte :

> Je me demandais de quelle manière l'histoire de Rosa Bonheur aurait pu être racontée aux États-Unis par comparaison avec Fontainebleau. Ce n'est pas très spécifique à la France, mais il y a une grande différence avec le monde anglo-saxon. Dans la culture anglo-saxonne, ce n'est pas vu comme un problème, peut-être parce qu'ils l'envisagent autrement. Par exemple, ils le mettraient en valeur, comme quelque chose qui a du sens. Une institution se dirait que c'est bien, si telle personne a cet aspect-là d'elle, cela va la rendre plus accessible à des gens aujourd'hui. Ça va la rendre plus intéressante. Alors qu'en France

on a plutôt tendance à penser que ça va porter préjudice, alors on va l'effacer.

Pour Mélanie Vogel, c'est évident, cette approche française déteint forcément sur notre culture politique :

> L'universalisme républicain joue sur les questions LGBT, mais aussi sur les questions liées au racisme. À croire qu'il y a quelque chose de l'ordre du négatif à affirmer une identité. [...] Sur toutes les questions liées à la représentation des minorités, il y a quelque chose de très français, et je le vois d'autant plus que je suis coprésidente du Parti vert européen, et je vois aussi comment différents partis écologistes, qui se retrouvent dans les mêmes valeurs, traitent ces questions en interne. Mais il y a une particularité française, à cause de cette culture politique du *je ne vois pas les couleurs, je ne vois pas le genre, je ne vois pas les sexualités*. Ce qui est une forme d'impensé, comme si tous les autres étaient là pour leurs compétences !

On peut se demander à quel point les notions d'universalisme, de neutralité et d'objectivité engendrent, de façon plus ou moins directe, des comportements discriminatoires. C'est aussi une façon de ne jamais rendre compte de la réalité d'un pan entier de la société, où l'invisibilisation de la figure de l'Autre perdure et encourage des réactions de rejet et, pour ce qui nous concerne ici, de lesbophobie.

Sale lesbienne

La difficulté de se dire lesbienne trouve ses origines dans l'usage que fait la population hétérosexuelle de ce mot pour nommer, catégoriser et stigmatiser les lesbiennes. « Au commencement, écrit Didier Eribon, il y a l'injure. Celle que tout gay peut entendre à un moment ou à un autre de sa vie, et qui est le signe de sa vulnérabilité psychologique et sociale. “Sale pédé” (ou “sale gouine”) ne sont pas de simples mots lancés au passage. Ce sont des agressions verbales qui marquent la conscience. Ce sont des traumatismes plus ou moins violemment ressentis sur l'instant mais qui s'inscrivent dans la mémoire et dans le corps (car la timidité, la gêne, la crainte, l'incertitude de soi, la honte… sont des attitudes corporelles produites par l'hostilité du monde extérieur). Et l'une des conséquences de l'injure est de façonner le rapport aux autres et au monde. Et donc de façonner la personnalité, la subjectivité, l'être même d'un individu[1]. » Pour conclure, toujours selon le sociologue :

1. Didier Eribon, *op. cit.*, p. 29.

« L'injure me dit ce que je suis dans la mesure où elle me fait être ce que je suis[1]. »

« Sale lesbienne » est statistiquement l'injure la plus récurrente que nous avons recensée parmi les centaines de témoignages reçus à l'Observatoire de la lesbophobie. Pourtant, le mot « lesbienne » n'est pas une insulte : à l'origine une Lesbienne était une habitante de l'île de Lesbos, en Grèce, et un habitant s'appelait en toute logique un Lesbien. La poétesse Sappho était lesbienne (elle venait donc de Lesbos), et on la connaît pour ses poèmes célébrant l'amour entre femmes. Au fur et à mesure de l'utilisation du mot « lesbienne », sa signification s'est ainsi chargée de sa dimension homosexuelle, et donc stigmatisante.

Voici quelques témoignages sélectionnés dans nos données, ils sont malheureusement représentatifs de ce que vivent en général les lesbiennes dans la rue lorsqu'elles sont identifiées comme telles[2] :

« Regarde ces sales lesbiennes, il faudrait les tuer » proféré en plein après-midi à Paris par deux hommes alors qu'un couple de femmes échange un baiser.

1. *Ibid.*, p. 32.

2. Les travaux de recherche de Sarah Jean-Jacques et les données récoltées par l'Observatoire de la lesbophobie montrent que les insultes visant les lesbiennes dans les espaces publics sont quasi exclusivement proférées par des hommes inconnus.

« Bande de sales lesbiennes, grosses putes »
proféré à Pertuis par quatre hommes en voiture, alors qu'une jeune femme est assise sur des marches avec sa petite amie.

« Sale gouine, t'es contre-nature »
proféré à Limoges par un groupe de jeunes hommes lorsqu'ils croisent un couple de lesbiennes main dans la main dans la rue.

« Sales lesbiennes, vous faites le 69 ? »
proféré à Mons-en-Barœul par plusieurs hommes alors que deux jeunes femmes s'embrassent dans un parc.

« Les lesbos, les lesbos ! »
proféré au Havre par un groupe d'adolescents lorsqu'ils croisent un couple de femmes qui se tient par la main.

« Espèce de putes, lesbiennes, retournez bouffer des chattes »
proféré à Montpellier par des collégiens alors que deux adolescentes se tiennent par la main à l'arrêt du bus du collège.

« Vous êtes lesbiennes ? Parce que, moi, les gouinasses, je les mets dans le caniveau… Sauf celles dans les pornos, j'avoue ! »
proféré à Neuilly-sur-Seine, un soir d'été, par un homme qui croise un couple de femmes sur son chemin.

« Vous êtes lesbiennes ? Vous baisez ? Allez-y, montrez-nous ! »
proféré à Marseille par des adolescents lors d'une fête de quartier lorsqu'ils voient un couple de femmes s'embrasser. Ils les agressent physiquement et sexuellement.

« Sales gouines, bande de sales chiennes »
proféré à Paris par un homme qui demandait de la monnaie à une terrasse de café lorsqu'un couple de femmes lui répond qu'elles n'en ont pas.

« Ça ne suffisait pas que tu sois noire, il fallait que tu sois lesbienne en plus ! »
proféré à Paris par un homme lorsqu'il croise deux lesbiennes, bras dessus, bras dessous.

« Vous me dégoûtez, vous n'avez pas honte ? Sales lesbiennes ! Embrassez-vous avec la langue. Ça vous dirait un plan à trois ? »
proféré à Namur par un groupe d'hommes devant un couple de lesbiennes qui s'embrasse.

Cette expérience de violence quotidienne a poussé Tahnee à aborder la question de son lesbianisme dans son premier sketch : « Ce qui m'a le plus choquée quand j'ai compris que j'étais lesbienne, et que ça allait "poser problème", c'est que je ne m'attendais pas à ce qu'il y ait autant de lesbophobie, notamment dans les espaces publics.

Moi, par exemple, je suis habituée au racisme, mais je ne pensais pas que la lesbophobie était aussi directe. Tu as carrément des gens qui viennent te voir dans la rue et qui te disent “sale gouine”, en face. Personne ne m'avait jamais dit “sale noire” dans la rue. »

Il va falloir du temps pour que le mot « lesbienne » sorte de la catégorie de l'insulte. Depuis la nuit des temps, les mots pour désigner les lesbiennes ont toujours été péjoratifs et stigmatisants, ils sont le résultat d'un étiquetage social effectué par la population hétérosexuelle sur la population lesbienne. Christine Bard rappelle que, dans les années 1920, les manières de nommer les lesbiennes révélaient déjà, « par leur préciosité, leur trivialité ou leur origine médicale, la gêne, voire l'hostilité à l'égard d'une “déviance” confusément perçue comme subversive : anandryne, fricatrice, tribade, gouine, gousse, gougnotte, uranienne, gomorrhéenne, Sappho, saphiste, femme à femme, femme-homme, invertie, homosexuelle, sans compter les déformations involontaires qui retournent femme-homme en homme-femme ou encore un joli “homéosexuelle”. Les périphrases rest[ai]ent très courantes et les intéressées elles-mêmes – “les femmes qui aiment les femmes” – les utilis[ai]ent[1] ».

Pour la sociologue Christine Delphy, celui qui nomme est celui qui détient le pouvoir puisqu'il peut définir

1. Christine Bard, *Les Garçonnes. Modes et fantasmes des Années folles*, Flammarion, Paris, 1998, p. 96.

les autres à partir de son point de vue : « L'Autre c'est celui que l'Un désigne comme tel. L'Un est celui qui a le pouvoir de distinguer, de dire qui est qui [...]. Celui qui a le pouvoir de cataloguer, de classer, bref, de nommer[1]. »

Le stigmate qui frappe le mot « lesbienne » s'est aggravé avec l'émergence de la culture pornographique hétérosexuelle telle qu'on la connaît aujourd'hui. Que ce soit dans les données de l'Observatoire ou dans nos entretiens, toutes les lesbiennes sans exception ont conscience du poids de la pornographie sur la façon dont elles sont perçues. Et ce n'est pas nouveau puisque la Coordination lesbienne en France avait déjà analysé ce phénomène il y a plus de vingt ans (avant Pornhub et autres sites pornos en libre accès), à savoir que la sexualité entre femmes a toujours été « utilisée de manière réductrice et caricaturale dans la pornographie, comme objet de fantasme et de voyeurisme par les hommes hétérosexuels[2] ».

Les témoignages que nous avons recensés au fil du temps avec l'Observatoire illustrent l'ancrage pornographique de ce terme dans la culture hétérosexuelle. En voici quelques exemples représentatifs :

1. Christine Delphy, *Classer, dominer. Qui sont les « autres » ?*, La fabrique, Paris, 2008, p. 19.
2. Cf. Thèse de doctorat de Sarah Jean-Jacques.

« On se croirait dans un film porno »
proféré à La Roche-sur-Yon par plusieurs hommes passant devant un couple de femmes qui s'embrasse dans un centre commercial.

« Mieux qu'un porno »
proféré à Toulouse par un homme alors qu'un couple s'embrasse pour la première fois en sortant d'un bar.

« Les lesbiennes, c'est fait pour lcs pornos. Faites une vidéo, ça sera mieux ! »
proféré à Namur par un adolescent au moment où un couple échange un baiser en attendant le bus.

« La broute-minou, il paraît que les lesbiennes sont toutes des actrices pornos, tu nous montres ? »
proféré à Aizenay par un collégien devant une élève qui a fait son coming out.

L'association du terme « lesbienne » à la pornographie est si prégnante que cela a longtemps entravé l'activité en ligne des influenceuses Chelcie et Dalila, très connues du grand public pour leurs vidéos humoristiques sur leur vie de couple. À la création de leur compte sur les réseaux, elles ne pouvaient même pas écrire le mot « lesbienne » tel quel, sans prendre le risque de voir leur contenu supprimé : « Sur TikTok, #lesbienne ne passait pas, et on pouvait se faire bannir du réseau si on l'utilisait. »

Dalila ajoute : « Quand on écrivait “lesbienne” sur la vidéo, elle était supprimée parce qu'elle avait soi-disant une connotation pornographique. » Elles se voient donc dans l'obligation de contourner la politique de la plate-forme en remplaçant des lettres par des caractères ou des chiffres. « Lesbienne » devient « L3sbienne » ou « L€sbienne ». Cette censure a perduré jusqu'en 2021, lorsque Instagram a finalement admis qu'il s'agissait d'une erreur de leur part. Le mot-clé est à présent rétabli, même si certains contenus associés aux lesbiennes continuent d'être invisibilisés par les algorithmes, avec la pratique du *shadow ban*[1].

Revendiquer le mot « lesbienne » et lui accoler un hashtag n'a pourtant pas été une évidence pour Chelcie : « Plus jeune, je ne savais pas pourquoi c'était si honteux, mais ce mot était assimilé au sexe. “Lesbienne” faisait référence à un fantasme pour les hommes, deux femmes qui couchent ensemble. » Dalila confirme : « Moi, j'avais l'aspect “dégoûtant”, lié à la culture musulmane dans laquelle j'ai grandi, avec un père très religieux, qui n'avait pas la même approche de la religion que moi à l'époque. Quand le mot “lesbienne” sortait de sa bouche, c'était

1. Sur les réseaux sociaux, le *shadow ban* (ou « bannissement furtif » en français) fait référence au blocage total ou partiel d'un utilisateur ou de ses contenus à l'insu de celui-ci. L'artiste et DJ lesbienne Barbara Butch en a fait l'expérience en 2023 pendant la promotion de son morceau « Muy Lesbienne ». Voir à ce sujet l'émission *Culturebox* diffusée le 21 novembre 2023 sur France 4.

horrible, assimilé à quelque chose de péché, c'était très tabou de parler de sexualité et le monde *queer* n'existait tout simplement pas. »

Élise Goldfarb résume très bien le lien entre le peu de représentations et le stigmate associé à ce terme : « En cinquième, quand j'ai découvert Google, si tu tapais le mot "lesbienne" dans la barre de recherche tu devais aller à la page 3 avant de trouver autre chose que du porno. Donc, évidemment que pour nous le mot "lesbienne" était sale. C'était un gros mot. Quand j'étais petite et que je l'entendais, je pensais à des meufs droguées, mal dans leur vie, seules dans des bars et malheureuses. » Julia Layani, elle aussi, percevait ce terme comme une injure : « J'ai souffert dans certaines relations amicales avec des filles. J'ai pu entendre "mais tu es lesbienne ou quoi ?", genre "t'es une grosse lesbienne en fait". C'était une injure. Donc ce mot renvoyait toujours à une insulte, et me dire lesbienne c'était comme si je m'insultais. Ça a été une souffrance, mais aujourd'hui je me plais absolument dans cette identité. » Pour Aloïse Sauvage, même combat, ce terme est déformé par les clichés, « personne n'arrive à le dire ». Elle reconnaît qu'elle l'utilise désormais, grâce à sa sœur, mais que cela est récent : « Au début, j'étais comme tout le monde, je ne disais pas le mot "lesbienne". Par moments, je lâchais un "mon homosexualité", comme si c'était un monde un peu à part auquel j'appartenais et que j'essayais de dire aux gens "Ne vous inquiétez pas, ce n'est rien de dangereux". Je trouvais le mot "lesbienne" moche en bouche, ça m'agressait presque. J'avais intériorisé toute la violence de ce mot, parce que dans le monde dans lequel j'ai grandi on ne le disait pas, c'était associé à quelque chose de négatif. "Lesbienne" était un mot interdit, j'avais donc peur de le dire. »

Toutes les femmes que nous avons rencontrées ont certainement entendu ce genre de propos au cours de leur vie. Comme nous l'avons vu, elles reconnaissent avoir mis du temps à utiliser, aimer et dire le mot « lesbienne », en somme à se l'approprier. Mais quel mot désignant les lesbiennes n'est pas sali par le stigmate ? C'est au prix d'une longue réflexion pour passer outre à l'insulte et aux connotations dégradantes qui y sont associées que chacune y est parvenue. À l'image de Caroline Mecary : « Je n'en ai jamais rien eu à faire que les gens sachent que je suis lesbienne, même si je sais très bien que ce regard et cette étiquette portés sur moi ne sont pas valorisants. Il y a quelque chose de stigmatisant. D'ailleurs le mot "lesbienne" n'était pas un mot qu'on utilisait beaucoup à l'époque. Aujourd'hui je l'utilise tout le temps. »

Pour Alice Coffin aussi, c'est un terme qu'elle a appris à aimer « car beaucoup de choses négatives ont été apposées à ce mot. Il peut déclencher chez les gens qui l'emploient beaucoup de violence, et il faut faire un vrai travail de réappropriation ».

Retournement du stigmate

La réappropriation de l'insulte – gouine, pédé – s'inscrit dans une longue tradition des mouvements gays et lesbiens. Ce procédé s'appuie sur le concept de retournement du stigmate, introduit par le sociologue Louis Gruel en 1985. Cette notion fait référence à une démarche volontaire des personnes minorisées et stigmatisées de transformer la honte en fierté en revendiquant l'usage de l'insulte qui leur est adressée.

On en retrouve les prémices dans les années 1970 au moment de l'organisation des premières Gay Pride aux États-Unis. Le terme « fierté » (*pride*) associé à cette manifestation visait à renverser le stigmate lié à l'homosexualité pour se réapproprier positivement l'identité gay et lesbienne. En France, cet événement a été renommé Marche des fiertés depuis 2001.

Nous avons aussi le cas, dans l'Hexagone, de militantes lesbiennes du MLF qui ont formé un groupe intitulé les Gouines rouges en 1971 après avoir été insultées, traitées de « gouines », lorsqu'elles vendaient une publication féministe dans les rues de Paris. De cette manière, « le stigmate produit la révolte contre le stigmate, qui commence par la revendication publique du stigmate ainsi constitué en emblème[1] ».

1. Pierre Bourdieu, « L'identité et la représentation. Élément pour une réflexion critique sur l'idée de région », *Actes de la recherche en sciences sociales*, vol. 35, 1980, p. 63-72.

Se réapproprier positivement les mots « lesbienne » et « gouine » est une pratique qui permet de réhabiliter un mot dont le sens a été historiquement réprouvé pour en faire un objet de fierté en le revendiquant.

Se vivre comme lesbienne

La partie qui va suivre est à la fois très joyeuse et très dure. Car la marge dans laquelle sont reléguées les lesbiennes apporte son lot d'épreuves et de bonheurs.

Nous avons décidé de commencer par la violence qu'expérimentent les lesbiennes au quotidien, car elle est tellement prégnante qu'on ne peut pas en faire l'économie. Mais comment décrire une violence qui n'est pas facilement abordable, dicible, voire identifiable ? Comment le faire simplement, avec toutes les contraintes d'un ouvrage tel que celui-ci (grand public, hors du cadre universitaire et des réseaux militants), comment le dire en respectant la parole et les vécus de chacune ?

Par souci de lecture et de fluidité, nous avons choisi de ne pas être exhaustives, de ne pas vous présenter l'ensemble des témoignages et faits de lesbophobie que nous avons entendus pendant nos séries d'entretiens. Nous en mentionnerons quelques-uns, mais dans tous nous avons retrouvé les mêmes histoires, les mêmes empêchements, les mêmes violences. Ceux qu'on vous donnera à voir sont peut-être les plus représentatifs de ce que peuvent vivre les lesbiennes en général, qu'elles soient connues ou non, visibles ou moins visibles.

Comme nous l'avons mentionné, la lesbophobie est un terme récent. S'il est utilisé par le milieu associatif et militant, il l'est très peu par les lesbiennes elles-mêmes. C'est rare qu'elles rentrent un soir en se disant : « J'ai vécu de la lesbophobie aujourd'hui. » Quand on pense à la lesbophobie, on pense tout de suite à l'insulte, mais ce n'est que la partie visible de l'iceberg. La lesbophobie a mille autres visages, difficiles à identifier. D'ailleurs, depuis 1997, date du premier rapport annuel publié par SOS homophobie, la lesbophobie peine à être identifiée comme un phénomène social à part entière. Les lesbiennes sont moins exposées aux violences physiques que les hommes gays, ce qui les amène à minimiser les échanges offensants, la violence ressentie, et finalement à moins témoigner. Elles ne prendront pas la peine d'aller au commissariat ou d'appeler SOS homophobie pour faire état d'un énième « sale lesbienne », une énième remarque au travail. Si toutes les lesbiennes faisaient remonter chaque interaction injurieuse, on vous assure qu'un bug serait à prévoir sur les plates-formes de signalement.

Définir les contours de la lesbophobie est donc une entreprise plus complexe qu'il n'y paraît. La lesbophobie peut s'immiscer dans un regard, une blague, une remarque, une question, un sous-entendu. C'est une stigmatisation à géométrie variable où demeure toujours une question : je rêve ou c'était bien ça ? En dehors des injures claires, qui sont une manifestation directe et nette de la lesbophobie, en dehors des violences physiques et sexuelles, des appels au meurtre ou des menaces de viol, il persiste une zone floue, assez vaste et peu identifiée dans laquelle se développe un sentiment de malaise, de honte parfois mêlée de culpabilité.

La lesbophobie commence par une blague…

On peut reprendre la logique de Mari Matsuda lorsqu'elle invite à « poser l'autre question », par exemple :

- Face à un harcèlement sexiste, quelle en est la dimension lesbophobe ?
- Face à une réaction lesbophobe, quelle en est la dimension raciste ?
- Face à un acte raciste, quelle en est la dimension sexiste ?

Avec les exemples de Marie Patouillet ou de Fatima Daas, nous avons largement parlé de la difficulté à démêler ce qui relève du sexisme, du racisme ou de la lesbophobie. Pour l'écrivaine, l'identification de la lesbophobie est difficile : « Parce que j'ai l'impression que, dans mon cas, c'est mêlé à l'islamophobie. Tout est très lié. »

L'athlète, alors en pleine situation de harcèlement moral lorsque nous l'avons rencontrée, a beaucoup réfléchi à cette question : « Comme toute discrimination, il y a tellement de choses qu'on a normalisées, car on vit et on a grandi dans un milieu sexiste et hétéro, qu'on finit par les intégrer malgré nous. Et, même lorsqu'on est le sujet de la discrimination, on a du mal à le voir et à se dire que ce n'est pas normal. On a du mal à l'identifier, on se dit que c'est principalement sexiste par exemple, mais le lesbianisme vient en rajouter une couche par-dessus. C'est difficile de séparer les deux. C'est un continuum. »

Elle donne un exemple très représentatif de cette zone grise dont on parlait au début :

> Pour peu que ce soit une blague balancée devant tout le monde et que ça fasse rire, on a la pression de se dire que répondre va casser l'ambiance. Je me souviens d'un contrôle antidopage en particulier, où on m'a fait une blague. Dans les textes, ce doit être une femme qui contrôle une femme, c'est la règle. Il faut qu'elle te voie uriner, qu'elle voie l'urine sortir du corps et entrer dans le flacon. Là, en l'occurrence, je devais être contrôlée, mais il n'y avait qu'un homme qui pouvait le faire. J'ai voulu passer mon tour, mais une personne de mon staff a rigolé en me disant : « C'est bon, Marie, vous êtes du même bord, tu peux te faire contrôler par un mec ! », et tout le

monde a rigolé… Et sur le moment je n'ai rien dit parce que c'est un contrôle antidopage, c'est sérieux, stressant, et puis ce n'est jamais agréable d'uriner devant quelqu'un. Mais ça ne m'a pas du tout fait rire.

Cette façon de ne pas réagir sur l'instant, de se taire, a été analysée par la sociologue Émilie Morand lors d'une étude sur les plaisanteries dans le monde du travail[1] : « La présence des plaisanteries dans le milieu de travail force les personnes LGBTQ+ à un travail cognitif, émotionnel ou expressif pour décider de leur interprétation et des réactions à y apporter. » Dire qu'une blague n'est pas drôle ou est offensante n'est pas une posture très enviable, parce que l'humour est censé participer à la cohésion sociale du groupe, surtout en milieu professionnel. On se prend souvent dans la figure un « t'es pas drôle » ou « allez, c'est une blague ». Dans son enquête, la plupart des personnes essayent de « contourner en minimisant la gravité des blagues, en travaillant leurs émotions (mise en adéquation avec ce qu'il "faut" sentir et laisser voir), et en désactivant l'aspect néfaste de l'intention ».

Cette culture de la blague, de l'humour un peu potache, dans le milieu du travail contribue à l'invisibilisation de

1. Émilie Morand, « Les "plaisanteries" des collègues de travail : terrain d'oppression et de résistance à la violence pour les personnes LGBTQ+ », *Genre, sexualité & société*, n° 30, 2023.

la population LGBT puisque celle-ci y réfléchit à deux fois avant de divulguer ou non son orientation sexuelle à ses collègues[1].

Il y a quelque temps, nous sommes allées au vernissage de l'exposition *La France sous leurs yeux*, à la BnF, où deux photos de Marie Docher sont exposées parmi les 400 clichés qui racontent « la France des années 2020 », et dont l'« ampleur marquera l'histoire du photojournalisme », comme on peut le lire sur les documents de présentation. Marie nous a accueillies dans le hall, nous a raconté la genèse de son projet, qui était de montrer des portraits de lesbiennes, dix ans après les manifestations homophobes de 2012. Sur place, nous avons croisé des amies, lesbiennes elles aussi, avec qui nous avons de fil en aiguille parlé de visibilité. Lors de cette discussion, l'une d'entre elles, dont nous respecterons l'anonymat, nous a confié ne pas vouloir être *out* dans son milieu professionnel : « J'ai fait le choix de ne pas le dire, parce que je sais très bien que s'ils apprennent que je suis lesbienne cela va porter préjudice à des années de travail. Cela va me discréditer. » Voilà, tout est dit.

On retrouve cette mention de charge émotionnelle, cette prise de décision constante et renouvelée d'en parler

1. À ce propos, nous rappelons que, selon l'Autre Cercle, 32 % des lesbiennes s'invisibilisent au travail et 44 % omettent leurs activités « connotées LGBT+ », par exemple participer à la Marche des fiertés ou être dans une association, de peur de subir du harcèlement.

ou non, dans l'entretien de Marie Labory : « J'ai eu des dizaines de fois des remarques lesbophobes, et c'est très fatigant, pénible… Il ne faut pas se mettre en colère parce que, si tu te mets en colère, tu as encore plus tort. Je me souviens d'un collègue qui me disait en rigolant à chaque fois que je le croisais "Mariage pour tous, Manif pour tous", le poing en l'air. J'ai fini par lui demander d'arrêter parce que ça devenait du harcèlement. »

Charge hétéronormative

Dans le cadre de sa thèse sur la place des lesbiennes dans la ville, Sarah a forgé le concept de charge hétéronormative pour décrire le poids émotionnel et cognitif qui pèse sur les gays et les lesbiennes lorsque se pose la question du dévoilement de leur orientation sexuelle dans les espaces publics. Par exemple, cela fait référence au fait de se demander en permanence où, quand et en face de qui il est possible ou non de se tenir la main en public, de s'embrasser, de se montrer en tant que lesbienne. Cette notion peut être élargie à l'ensemble des espaces sociaux traversés par les lesbiennes comme le travail, le milieu médical, administratif, la famille, etc.

Bien qu'elle émane directement de l'hétéronormativité, la charge hétéronormative agit sur les facultés émotionnelles et cognitives des lesbiennes et consiste à devoir constamment penser à adapter son comportement en présence de la population hétérosexuelle. Il s'agit par exemple de ne pas reprendre son collègue qui fait une blague douteuse au travail, d'éviter une marque d'affection dans le métro, mais aussi de ne pas faire son coming out dans certains contextes.

Puis ça dégénère

Toutes les lesbiennes du globe souffrent de la même culture pornographique, et les hommes semblent s'entendre sur un point : celui de la lesbienne disponible pour un plan à trois. Mais, paradoxalement, les hommes du monde entier semblent aussi se retrouver sur un autre point : la détestation des lesbiennes. Pour faire court, soit les lesbiennes sont « baisables », et c'est un fantasme que l'industrie pornographique actuelle a bien compris. Soit elles ne le sont pas, parce qu'elles s'éloignent des normes esthétiques de la féminité traditionnelle, et dans ce cas les hommes les stigmatisent. C'est finalement assez simple, et c'est ce dont parlait Muriel Robin lorsqu'elle disait que les femmes doivent être « pénétrables ». Et les lesbiennes ne le sont pas, en tout cas pas par les hommes.

L'hypersexualisation est un moyen détourné de ramener les lesbiennes à leur statut de femme, de les réduire à l'état d'objet sexuel, de reprendre le contrôle de leurs corps, et par voie détournée de leur sexualité.

Que ce soit sur le ton de la défiance, de la connivence, de « mec à mec » comme l'a montré l'exemple de Marie Patouillet (« vous êtes du même bord »), parce que l'objet du désir est le même, les hommes s'adressent souvent aux lesbiennes comme à leur groupe de pairs, dans une forme que Trump qualifierait de « discussion de vestiaire ».

Mathilde Viot a eu plusieurs fois affaire à des remarques déplacées de la part de collègues députés : « Il y a eu le type dont je parle dans mon bouquin[1] et qui était borderline. Ça faisait bien marrer les mecs, comme si le fait que je sois lesbienne était une information juteuse. On ne m'a plus regardée pareil. Du genre "t'es plus hétéro, mais quand même tu lèches des chattes". Un jour, je buvais des verres avec des collègues et, sur le ton de la connivence, on m'a demandé des conseils sur les cunnilingus. Pourquoi pas ? Mais, en vrai, pourquoi ? »

Marie Patouillet a aussi eu affaire à ce genre de propos. Après avoir évoqué la blague qui ne l'a pas fait rire, elle se souvient d'un autre événement tout aussi violent : « Ma compagne venait aux entraînements. Un jour, il y en a eu un plus difficile que les autres, et je me suis réfugiée aux toilettes pour pleurer, et elle m'a suivie pour me réconforter. Quand je suis revenue on m'a dit : "Alors, vous avez pris votre pied ?" J'étais hors de moi. »

1. Mathilde Viot, *L'homme politique, moi j'en fais du compost*, Stock, Paris, 2022.

Marie est loin d'être la seule, toutes les lesbiennes ont expérimenté un degré de violence similaire, que ce soit au travail ou dans des sphères plus personnelles. Élise Goldfarb le dit sans détour et rappelle à Julia Layani la fois où, alors qu'elle était employée dans une radio de grande diffusion, son N + 1 lui a dit quelque chose comme « j'ai envie de te baiser parce que tu es lesbienne ». C'est à force de subir ce genre de remarques au travail qu'elles ont eu envie toutes les deux de monter leur propre agence. Julia Layani détaille :

> C'est une situation qu'on a toutes vécue dans le milieu de l'entreprise, ce sont des situations très fréquentes et pas du tout appropriées. Être lesbienne, c'est sans cesse rappeler que tu pratiques du sexe avec une femme, ça te sexualise tout le temps et ça permet des commentaires tout à fait sexistes et lesbophobes. Ça se voit dans ce milieu professionnel et ça s'exprime par ces phrases dites par des mecs : « Est-ce qu'on peut faire un plan à trois ? » « Comment tu fais pour baiser avec ta meuf ? » « Est-ce que t'utilises des godes ? » Élise l'a aussi vécu. Et on passe notre temps à faire de la pédagogie, de l'éducation, on va expliquer pourquoi tel propos est problématique.

Dès qu'une femme est identifiée comme lesbienne, elle est *de facto* et malgré elle mise dans la catégorie de

Pornhub. Le reste n'existe plus. Pour beaucoup d'hétéros, la mention de son lesbianisme est perçue comme une invitation à parler de son intimité en public, voire une invitation à caractère sexuel.

Et la sexualisation des lesbiennes ne s'arrête pas là. Il semble si inconcevable que des femmes puissent s'épanouir sexuellement sans hommes que persiste l'idée absurde qu'il leur manquerait « quelque chose » de fondamental dans leur vie. Et ce quelque chose est... le fameux pénis. C'est cru, mais c'est la réalité telle que nous la vivons et l'observons avec les témoignages recensés par l'Observatoire de la lesbophobie. Les « insultes à visée punitive[1] » sont légion et font toutes référence à « la bite » (sic), mot privilégié des auteurs de violences lesbophobes dans les espaces publics. Ce recours au phallique est aussi une façon de nier l'existence lesbienne en imposant une forme de retour à l'hétérosexualité par le biais de la menace du viol correctif.

Tout comme Mathilde Viot, Charlotte Bienaimé – avec un passé d'hétérosexuelle en couple avec enfants – est à un poste d'observation parfait pour comprendre les différences de traitement des lesbiennes et des hétérosexuelles : « J'ai eu quelques remarques hallucinantes et lesbophobes en soirée. Un jour, devant une trentaine de personnes, quelqu'un m'a dit : "Ça te manque pas, la bite ?" » Plus qu'un regard qui

1. Cf. Thèse de Sarah Jean-Jacques, *op. cit.*

change, Charlotte ressent plutôt un silence, un doute des autres sur son lesbianisme. Elle reprend : « Pour certaines personnes, j'ai le sentiment qu'elles ne me croient pas. Ce n'est pas envisageable que je puisse être lesbienne parce que j'ai été en couple avec un homme pendant quinze ans avec qui j'ai eu des enfants. »

Toujours sur ce ton de la blague, qui est l'alibi parfait pour feutrer l'hypersexualisation dont les lesbiennes sont victimes, la comédienne Soraya Garlenq s'est vu à de nombreuses reprises adresser des remarques déplacées et gênantes sur des tournages. Lors de notre entretien, elle s'est remémoré un événement en particulier : « Ce jour-là, j'allais à la cantine avec le réalisateur, et on est passés à côté de ce qu'on appelle communément des "bites" [poteaux dans la rue], et il m'a dit : "Attention, Soraya, la bite, toi, ça te changerait de d'habitude !" J'ai trouvé ça très agressif tout en me demandant si j'avais bien entendu. Quand je lui ai dit que ce n'était pas drôle, il m'a lancé un "oh, t'exagères". »

Dans l'imaginaire collectif, les lesbiennes n'auraient pas de sexualité à part entière, et il est encore difficile pour la société d'envisager une relation affective et sexuelle entre deux femmes hors du cadre traditionnel hétérosexuel. Cette mention constante de la bite est aussi et surtout un rappel puissant de la contrainte à l'hétérosexualité.

Et puis c'est du harcèlement pur et dur

« Pendant un temps, une personne du milieu fédéral avait fait disparaître mon prénom : elle m'appelait *la lesbienne.* » Ça a duré un an, nous raconte Marie Patouillet. Elle n'osait pas en parler. Elle l'a appris par hasard lorsque quelqu'un lui a dit en passant : « Ah, Marie, tu sais comment on t'appelle ? » Ce n'était pas une blague et c'était fait pour blesser. Et elle l'a été.

On a parfois été surprises de la façon dont on a abordé les violences et le harcèlement pendant ces entretiens. Comme s'il s'agissait d'un prolongement naturel de la condition lesbienne. Mathilde Viot, par exemple, nous confie ne pas être sujette au harcèlement, « ou très peu », puis elle nous explique : « Avant, sur Twitter j'avais des appels au viol genre "ferme ta gueule, on va te violer". Maintenant ce sont des appels au viol correctif, c'est "on va te violer, sale gouine". Ça ne change pas, c'est toujours du viol, mais avec la dimension corrective aggravante. » Elle le dit comme si ce n'était pas grave, comme si c'étaient des phrases tellement entendues qu'elles en devenaient banales.

Mélanie Vogel, qui comme elle est engagée en politique, vit aussi cette violence au quotidien. À tel point qu'elle semble ne plus mesurer l'ampleur de ce qu'elle doit affronter : « Ma meilleure amie, mes collègues et les gens autour de moi les voient plus que moi. J'ai dû installer un logiciel pour les filtrer, je ne vois pas tout.

Ce sont mes proches qui en souffrent plus que moi, je crois. »

Les menaces ont l'air monnaie courante en politique : « Tout le monde en reçoit, et je pense que les macronistes reçoivent beaucoup d'insultes en ce moment. » Mais la teneur n'est pas la même, elle a « l'exclusivité des insultes lesbophobes ». On comprend aussi que les femmes sont particulièrement visées en politique, puisqu'elle répète plusieurs fois qu'être une femme dans ce milieu est dangereux. À l'époque de la proposition de loi sur les violences contre les élus, hommes comme femmes, Mélanie Vogel partage en pleine séance au Sénat quelques messages pris au hasard dans les flots de menaces qu'elle reçoit. À la suite de cette intervention, beaucoup de gens outrés par ce qu'ils viennent d'entendre lui témoignent leur soutien. En réalité, elle avait opéré une sélection drastique et choisi les moins pires : « Certains messages étaient si atroces que je ne pouvais décemment pas les lire en public. » Elle détaille :

> Je reçois des choses au croisement de multiples haines. Il y a beaucoup d'anonymes et je ne connais pas la proportion de trolls, de bots qui ne sont pas des humains. Par exemple, avec les Français de l'étranger, on a accès à la liste électorale consulaire, ce sont des gens qui ont donné leur autorisation pour y figurer et ça représente 2 millions d'adresses. Il arrive que j'envoie un mail de bilan du mandat, et là je reçois des mails de

vraies personnes, de gens officiellement enregistrés au consulat, qui me répondent « connasse, on va te violer ». Dans ce cas, je les efface de la liste et ne leur renvoie plus de mails. On a d'ailleurs été obligés de faire une manipulation pour que ces messages se classent automatiquement dans un fichier, parce que mon équipe ne peut pas passer son temps à trier tous les messages de haine. Ça se compte par milliers.

De temps en temps, je rends publiques les horreurs qu'on m'envoie. Ça a une utilité pour dénoncer les violences, mais c'est aussi pour moi que je le fais. Parce que je m'habitue à un tel niveau de violence que j'en arrive à me dire que c'est normal : t'es élue, t'es lesbienne et t'es féministe. Un peu comme si la violence était marquée sur la *job description.* Le rendre public permet de conscientiser que ce n'est pas normal. Ce n'est pas anodin de se prendre des menaces de viol vingt fois par jour ou 400 mails d'injures par semaine. Après il y a quelque chose de l'ordre d'une défense psychologique qui consiste à s'habituer à un niveau de violence parce que sinon on ne tient pas.

C'est face aux réactions de ses collègues masculins qui ne reçoivent jamais ce genre de messages que Mélanie Vogel comprend qu'il y a un vrai problème : « Leur réaction me sert de rappel. » Eux ne sont pas exposés à ces insultes, elle si. Et elle n'est pas la seule. Shirley Souagnon a quitté Twitter il y a cinq ou six ans : « Parce que ce n'était plus possible de recevoir des commentaires sur mon homosexualité. » À chaque publication, à chaque prise de parole sur les réseaux, « on nous ramène à notre sexualité, à notre couleur de peau ». Elle nous parle avec gravité de ce qu'elle a vécu : « Il y avait des conversations entières de gens qui débattaient sur mon genre. C'est ce qui obsède le plus les gens, le genre et la sexualité. Ça partait en débats incohérents et extrêmement violents pour moi. »

Comme Mélanie Vogel, elle évoque les répercussions de ces vagues de harcèlement sur sa santé mentale, et la nécessité de se retirer du monde pour récupérer : « C'est ce que je raconte dans mon dernier spectacle, *Être humain*. »

On ne peut pas aborder le harcèlement lesbophobe sans parler du cas d'Alice Coffin, avant, pendant et après la sortie du livre qui l'a fait connaître du grand public. Alice avait déjà été confrontée à différentes discriminations au cours de son parcours professionnel, mais la sortie du livre *Le Génie lesbien* a servi de loupe grossissante sur la somme des violences possibles à la croisée du sexisme et de la lesbophobie.

Au départ, c'est un passage du livre qui cristallise et détourne l'attention des médias du propos général de l'autrice. Il est d'ailleurs toujours cité, souvent tronqué ou déformé. Il s'agit de celui où elle dit souhaiter se passer de la littérature des hommes, parce que la culture a depuis toujours été envisagée du seul point de vue masculin, point de vue qui prolonge un système de domination. Alice Coffin écrit vouloir consacrer le temps qui lui reste aux autrices, réalisatrices, poétesses, et cette petite phrase fait trembler le monde dans lequel nous vivons. Ce court passage se termine par « plus tard, ils pourront revenir », et si elle n'avait pas été lesbienne il est à parier qu'on lui aurait accordé son évasion. Mais parce qu'elle est lesbienne on y voit de la haine envers les hommes. On disserte sur le fait qu'elle veuille littéralement les supprimer, voire les tuer, ce qu'elle n'écrit et ne dit pourtant jamais.

Le champ de tir est dégagé, l'alibi parfait, et le lynchage public peut commencer. Et c'est vertigineux :

> C'était dur aussi pour mon entourage. Je me souviens que Yuri, ma compagne, m'a dit un jour : « J'en peux plus de ce livre de merde. » [Rires.] C'était dur parce que je recevais des menaces de mort et des menaces de viol tout le temps. Je ne dirais pas que ça a cessé parce que je reçois des lettres anonymes toutes les semaines à l'hôtel de ville, et ce sont des lettres purement lesbophobes d'une grande violence. Parfois ce sont des montages photo de Yuri et

moi ou des propos ouvertement lesbophobes, par exemple « tu vas te faire violer, sale lesbienne », « tu vas voir les mecs comment c'est ». Le « sale lesbienne » revient tout le temps. Ce qui m'a le plus frappée, c'est qu'on est dans le dur de la lesbophobie, du type « ces deux-là, elles ont besoin d'un coup de bite », et toutes les insultes que j'ai reçues, c'est ça. Il y a deux choses qui sont au cœur de la lesbophobie historique et qui incarnent deux catégories d'insultes qui me sont adressées : la première est le fait que les lesbiennes sont des bonshommes, on m'attaque sur le physique, le côté « c'est pas une femme, de toute façon, c'est un mec », et on dit que je ressemble à Depardieu ou Ruquier. La seconde, c'est la menace de viol, avec des phrases du type « ça te ferait du bien de te faire violer par un mec ». J'ai reporté plainte récemment à la suite d'une menace de mort reçue à mon domicile, et dans la lettre la personne a écrit : « Je vais faire un gouinicide. » Cette fois-ci je suis allée voir l'officier de liaison LGBT du commissariat de Paris centre et j'ai déposé plainte en tant que personnalité politique.

Après tout ce que j'ai reçu, il n'y a eu qu'une condamnation d'un homme dans le Jura, mais le tweet est resté. Il ne se passe jamais rien.

En 2020, Alice Coffin a dû être placée quelque temps sous protection policière[1], mais elle continue aujourd'hui de recevoir des insultes sur X quotidiennement. « Je pouvais recevoir en une journée environ 10 000 mails et messages, c'était puissant. Après, il y a des pics, les moments où je vais avoir une intervention plus visible ou une apparition télé, ça va remettre dix balles dans la machine. Quand je faisais BFM le dimanche soir, c'était systématique. »

Comme Shirley Souagnon, elle a dû se retirer un temps des réseaux sociaux, ce qui a freiné sa carrière et affecté son usage de la parole publique. « Ils ont gagné là-dessus parce que c'est ce qu'ils cherchent à faire et ça fonctionne. » Face à une vague de harcèlement potentielle, elle réfléchit désormais à deux fois avant d'aller sur un plateau. Elle sait que ses mots, ses interventions vont être scrutés, repris et déformés. « En général, j'essaye d'y aller, mais avec une fatigue supplémentaire de savoir pertinemment ce qui va se passer. Disons que ça use plus vite. »

1. « Alice Coffin placée sous protection policière après son cyberharcèlement », *Huffington Post,* Romain Herreros, le 27 juillet 2020.

La punition ultime : le viol

Le harcèlement et l'intimidation sont des méthodes traditionnellement utilisées pour faire taire les femmes. Ici, les lesbiennes sont visées en tant que femmes, bien sûr, mais surtout en tant que femmes non disponibles sexuellement, et c'est à cet endroit qu'intervient la dimension punitive de la violence.

À l'Observatoire, une grande partie des insultes qu'on a pu recueillir portaient en elles une intention de punition, que ce soit sous la forme d'une question, d'une remarque ou d'une injure directe. Analysées de plus près, ces agressions font directement référence à la contrainte à l'hétérosexualité doublée d'une menace de viol. La forme verbale des menaces exprime une intention d'action comme « je vais vous apprendre », « on va leur montrer », « si je t'enfonce » – ici, le passage à l'action paraît presque imminent. Nous avons aussi remarqué un recours au champ lexical de la punition et de la correction, avec des mots comme : « apprendre », « faire changer », « guérir », « punition » et « faire aimer ».

La lecture des témoignages qui vont suivre est particulièrement pénible – mais ils sont représentatifs de la notion de « viol correctif ». Nous avons fait le choix de ne pas euphémiser et d'en présenter plusieurs pour montrer la réalité telle qu'elle est.

En voici quelques exemples :

« Une petite bite de temps en temps, ça fait pas de mal »
proféré à Lyon par un homme devant un couple de femmes dans la rue, pendant la période des Manifs pour tous.

« Viens-y goûter, ça te fera changer »
proféré à Saint-Nazaire par un homme qui se touche ostensiblement le sexe lorsqu'il croise deux lesbiennes dans la rue.

« Tu n'as pas encore trouvé la bonne personne, je vais te baiser et, tu verras, tu vas changer d'avis »
proféré à Nancy au sortir d'une boîte de nuit par un homme éconduit.

« Regardez, des gouines en vrai ! On va leur montrer ce que c'est du sexe avec des vrais hommes ! »
proféré à Paris au bord du canal Saint-Martin par un groupe d'hommes qui passe devant un couple de femmes (la main de l'une est posée sur la cuisse de sa compagne).

« Je vais te violer et abuser de toi. Les lesbos, je les viole toutes ! »
proféré à Paris par deux hommes à l'encontre d'une jeune lesbienne qui marchait dans la rue. Ils lui cracheront dessus.

« Pourquoi vous ne trouvez pas une bite pour vous faire guérir du lesbianisme ? »
proféré à Poitiers par un homme qui croise un couple de lesbiennes qui marche main dans la main.

« Si on la baise, elle sera peut-être plus malade et redeviendra hétéro »
proféré à Saint-Brieuc dans un bus. Un groupe de jeunes hommes agressent et rouent de coups une jeune lycéenne lesbienne parce qu'elle avait sur son fond d'écran la photo de sa petite amie.

« Tu verras, un jour, je vais te faire changer de bord et te faire aimer ma grosse bite veineuse »
proféré à Lyon par une connaissance d'une jeune lesbienne, qui passe devant elle en voiture avec ses copains.

« Je vais te violer jusqu'à ce que tu aimes la bite »
proféré à Cholet aux caisses automatiques d'un supermarché par un homme dans la file.

« Je vais t'apprendre à aimer les bites, moi ! »
proféré à Paris par un homme qui vient de voir un couple de lesbiennes se dire au revoir en échangeant un baiser furtif. Il a suivi la jeune femme une demi-heure, s'est collé à elle en sortant son sexe, des passants ont dû intervenir.

« Si je t'enfonce ma bite, tu crois qu'être un faux mec va t'aider ? »
proféré à Paris par un groupe d'hommes qui agressent physiquement un couple de lesbiennes en pleine rue.

« T'as eu de mauvaises expériences avec les mecs, c'est pour ça que tu es lesbienne ? Laisse-moi te montrer, je t'assure que tu seras hétéro »
proféré à Fréjus en boîte de nuit par un homme éconduit.

« Punition fellation ! »
proféré à Paris par un homme qui croise un couple de lesbiennes marchant bras dessus, bras dessous.

« Je vais vous montrer ce que c'est la bite ! »
proféré à Marseille par un homme à la suite d'un baiser furtif entre deux femmes.

Et puis il y a le passage à l'acte, le viol. C'est ce qui s'est produit dans la calanque de Morgiou, à Marseille, en août 1974. Cet été-là, deux touristes belges, Anne Tonglet (vingt-quatre ans) et Araceli Castellano (dix-neuf ans), en couple, campaient dans la nature, comme il était d'usage à l'époque. Un homme les aborde le jour de leur arrivée, les importune, recommence le lendemain et se voit doublement éconduit. Vexé et humilié d'avoir été repoussé par deux lesbiennes, comme il l'a reconnu par la suite, l'homme revient accompagné de deux amis le soir même pour se venger. Les deux jeunes femmes seront violées, frappées et menacées de mort pendant plusieurs heures lors de cette expédition punitive. Le lesbianisme des jeunes Belges leur portera préjudice lors des auditions, « l'indication de l'orientation sexuelle des deux jeunes femmes, qui sont lesbiennes, [...] les rend encore plus suspectes du point de vue des mœurs [...]. Dans une société où l'homosexualité est perçue comme une maladie mentale, faire état de cette "dépravation" contribue à discréditer les plaignantes[1] ».

Ce discrédit entraînera un biais lors de la première procédure judiciaire en 1975 puisque le viol ne sera pas reconnu et sera requalifié en délit de coups et blessures. Avec la mobilisation d'un groupe du MLF, les Pétroleuses, et de l'avocate de la Ligue des droits des femmes, Colette de Marguerye, les premières avocates belges demandent au tribunal correctionnel de Marseille de reconnaître son incompétence et de se désister en faveur des assises. Après une mobilisation citoyenne et féministe qui a duré plusieurs années en France et en Belgique, le procès qui aura lieu les 2 et 3 mai 1978 devant les assises, connu sous le nom de « procès d'Aix-en-Provence », a provoqué un déferlement de haine et de violences à l'intérieur du palais de justice comme à l'extérieur, et aura un effet retentissant. Porté par les avocates Gisèle Halimi et Agnès Fichot, il

1. Jean-Yves Le Naour et Catherine Valenti, *Et le viol devint un crime*, Vendémiaire, Paris, 2014, p. 31.

sera le procès symbolique du viol, au-delà de ce qui est arrivé à Anne Tonglet et Araceli Castellano. Le huis clos habituellement requis est refusé par les avocates : « Ce n'est pas un procès de viol. L'enjeu, ce n'est pas une condamnation ou un acquittement. L'enjeu, c'est changer les rapports entre les hommes et les femmes[1]. » Jusqu'à cette date, le viol constituait un délit jugé en correctionnelle. Avec ce procès, le viol devient un crime jugé en cour d'assises. Le 23 décembre 1980, le viol est ainsi redéfini, selon l'article 222-23 du Code pénal, comme « tout acte de pénétration sexuelle, de quelque nature qu'il soit, ou tout acte bucco-génital commis sur la personne d'autrui ou sur la personne de l'auteur par violence, contrainte, menace ou surprise ».

Le 28 mai 2021, soit quarante ans après ce procès, devient une date historique en France pour la reconnaissance des viols perpétrés à l'encontre des lesbiennes. À la suite d'une longue procédure judiciaire pour une autre affaire, où il avait d'abord fallu faire reconnaître que la victime lesbienne avait bien vécu un viol lors d'un premier procès en 2020, la cour d'assises de Paris a condamné en appel un homme à quatorze ans de réclusion criminelle pour « viol en raison de l'orientation sexuelle ». C'est la

1. « Le viol est un crime ! Plaidoyer de Gisèle Halimi », interview de Gisèle Halimi en mai 1977 lors du débat sur le statut du viol dans la justice française, source INA.

première fois que le caractère lesbophobe d'un viol a été reconnu comme circonstance aggravante.

Nous avons pu échanger avec la victime, qui a souhaité rester anonyme :

> Si le caractère lesbophobe n'était pas reconnu, je n'étais pas reconnue en tant que lesbienne et il avait gagné dans le sens où son projet était de me punir, de me corriger, de faire disparaître la lesbienne.
>
> Lors du second procès, mon avocat et celui de la défense ont donc emmené les débats uniquement sur la question du caractère aggravant. Mon avocat s'est focalisé sur l'article 132-77, « Lorsqu'un crime ou un délit est précédé, accompagné ou suivi de propos, écrits, images, objets ou actes de toute nature qui soit portent atteinte à l'honneur…[1] », puisque l'accusé avait eu une phrase lesbophobe.
>
> Que le caractère lesbophobe soit reconnu était le plus important pour moi. Finalement, il n'avait pas réussi à me faire disparaître en tant que lesbienne.

1. « … ou à la considération de la victime ou d'un groupe de personnes dont fait partie la victime à raison de son sexe, son orientation sexuelle ou identité de genre vraie ou supposée, soit établissent que les faits ont été commis contre la victime pour l'une de ces raisons, le maximum de la peine privative de liberté encourue est relevé ainsi qu'il suit […]. »

De plus, les propos de la juge au moment du verdict et la reconnaissance de la circonstance aggravante permettaient, potentiellement, pour d'autres procès, de reconnaître le viol comme un crime de haine.

Caroline Mecary souligne le caractère pionnier de cette décision et insiste sur la nécessité de lutter contre les biais et les préjugés que peuvent avoir les magistrats, avocats, juges et autres professionnels œuvrant au service du système judiciaire. Elle témoigne qu'aujourd'hui encore les juridictions ont parfois du mal à reconnaître le caractère homophobe d'une agression, même si les outils sont là pour le reconnaître sur le plan pénal, civil ou sur la question du droit du travail : « Il persiste une frilosité, une réticence à considérer que, oui, c'est grave. À chaque fois il faut se battre pour faire reconnaître le caractère homophobe et lesbophobe, et cela peut être compliqué. Il y a évidemment des biais qui structurent les gens qui travaillent au sein de la justice. Les textes sont là, mais la façon dont ils sont appliqués et interprétés peut encore parfois laisser à désirer. On fait des formations à l'ENM [École nationale de la magistrature], j'interviens dans des formations, mais elles ne sont pas obligatoires, cela représente par an 40 personnes sur 9 000 magistrats ! »

« Viol correctif »

Ce terme est apparu pour la première fois en 2008 dans le contexte sud-africain à la suite du viol collectif et de l'assassinat brutal d'Eudy Simelane, joueuse célèbre de l'équipe de football nationale, militante pour l'égalité des droits et l'une des premières sportives ouvertement lesbiennes du continent africain. C'est la notoriété de Simelane, la sauvagerie et la motivation de l'attaque qui ont encouragé la création de l'expression « viol correctif » en Afrique du Sud. Comme l'écrit l'universitaire Waruguru Gaitho, les viols correctifs désignaient à l'origine « les viols perpétrés contre les lesbiennes par des hommes hétérosexuels dans l'intention de "guérir" leur homosexualité perçue comme "contre-nature". Les violences verbales commises par les auteurs avant, pendant ou après l'agression de la victime rendent le motif évident, avec des déclarations explicites telles que "donner une leçon" ou "leur montrer ce qu'est le goût d'un vrai homme"[1] ».

Les personnes asexuelles et les hommes transgenres sont aussi exposés aux viols correctifs, c'est en partie pour cela que la définition du viol correctif a évolué

1. Waruguru Gaitho, « Curing Corrective Rape: Socio-Legal Perspectives on Sexual Violence against Black Lesbians in South Africa », *William & Mary Journal of Race, Gender, and Social Justice*, vol. 28, Issue 2, 2022, p. 331.

depuis 2008. Elle englobe à présent deux caractéristiques clés : « un élément correctif et curatif, et un élément de haine ou de préjugé qui détermine qui est ciblé par l'auteur et pourquoi[1] ».

Une arme de décrédibilisation

Lorsqu'on a envisagé ce livre, on s'attendait à passer beaucoup de temps sur la part visible de la lesbophobie. On savait qu'on allait parler des préjugés, du harcèlement, des violences verbales, du lien avec la culture pornographique et des violences sexuelles. En revanche, on ne s'attendait pas à recevoir autant de témoignages relatant les répercussions sur les activités professionnelles. Nos entretiens nous ont permis d'avoir accès à la partie invisible, celle dont les lesbiennes parlent le moins, à l'image de Muriel Robin qui s'est tue pendant plus de trente ans. La désignation en tant que lesbienne est un halo de nuisance si puissant qu'il jette l'opprobre sur les activités de la personne. C'est une porte d'entrée sur la personne, son identité et son image publique, qui permet la disqualification en cascade : on justifie une prise de position, on explique un choix professionnel par le lesbianisme et on enferme la personne dans les contours de ce halo.

1. *Ibid.*, p. 361.

Alice Coffin se souvient de la première fois où elle a pris conscience qu'on utilisait son identité lesbienne pour lui nuire.

> C'est la première fois que ça m'arrivait vraiment, que mes adversaires politiques me désignaient comme lesbienne, mais de manière péjorative. Ils ont accolé le combat contre des hommes puissants à un combat de lesbienne qui déteste les hommes. Je me souviens de propos tenus par Dominique Besnehard dans l'une de ses publications Facebook, où il écrivait : « Il y en a ras le bol de ces lesbiennes qui veulent chasser les hommes. » Il aurait pu dire qu'il soutenait Christophe Girard sans préciser que je suis lesbienne. Pourtant, concernant l'affaire Girard, je n'ai jamais revendiqué de lesbianisme particulier, je n'ai pas dit « je suis lesbienne donc je combats Girard », mais ça a été identifié comme tel.

« Il n'y a rien de pire au monde que passer pour une femme qui déteste les hommes. On peut être raciste, antisémite, violeur ou bouffeur de bébés que les hommes nous le pardonneraient mieux qu'une suspicion de misandrie », écrivait Sophie dans son roman *Femme portant un fusil.* Et Alice Coffin l'a constaté de nombreuses fois :

Il y a eu une série d'articles qui ont déformé mes propos. Tout a été traduit à l'aune du fait que je sois lesbienne. Tout était réduit à ça, et ça faisait très souvent référence au préjugé qui réduit les lesbiennes au fait qu'elles détestent les hommes. J'ai vu facilement une centaine d'articles de ce genre, sans compter les reprises de dépêches AFP.

Il y a eu pas mal d'articles dans la presse étrangère et c'était toujours lié à la détestation des hommes. J'ai aussi lu un papier dans *Paris Match*[1] qui a mis le feu aux poudres, c'était un article sanglant qui dénonçait le sectarisme de certaines lesbiennes, disait qu'il ne fallait pas porter en étendard le fait d'être lesbienne. *Le Monde* a rédigé un papier très dur aussi. Quand on fait exploser le mot « lesbienne » dans le débat public, manifestement ce n'est pas courant parce que ça provoque une telle déflagration qu'on voit bien que c'est nécessaire.

Le plus douloureux, c'est quand ça atteint le travail intellectuel et que c'est une manière de ne pas pouvoir être reconnue et d'être disqualifiée. Ça limite la possibilité d'impact et ça perturbe le travail, c'est dur. C'est ce qui m'affecte le plus. Je

1. « Alice Coffin, branchée sur sectaire », *Paris Match*, Pauline Delassus, le 2 octobre 2020.

pense que ça empêche toute forme de solidarité avec des gens en place au pouvoir qui pourraient aider. Je pense qu'il y a une peur : pendant longtemps des gens ne voulaient pas être vus à côté de moi au Conseil de Paris.

On quitte le milieu de la politique pour aller voir du côté des artistes. C'est le même mouvement, la même mise à l'écart. Marie Docher, comme d'autres lesbiennes, le dit clairement : « On met à mal mon travail. » Tahnee le sent aussi, elle qui a cocréé le Comédie Love pour se faire une place. À ce propos, on lui fait des remarques, on sous-entend qu'il faut être gouine ou pédé pour passer sur son plateau. « J'ai même entendu des blagues comme quoi le Comédie Love, c'était le Barbès Comedy Club des LGBT. Donc il y a toujours un stigmate assez fort. » Elle se rend compte que le simple fait d'aborder des sujets sur scène signifie pour la plupart des gens une volonté de se mettre à l'écart, alors qu'elle fait comme tous les humoristes, elle part de son vécu, de son quotidien. « Donc, c'est bien que ce n'est pas un sujet comme un autre ! » Quand on l'accuse de propagande LGBT, elle s'étonne toujours du refus de considérer les lesbiennes comme un sujet positif et universel. En somme, on dit à Tahnee d'arrêter de faire des blagues lesbiennes. « Un humoriste, c'est un humoriste universel qui va marcher partout. En fait, dans la tête des gens, ce que traversent les lesbiennes ne peut pas être universel, ça ne les intéresse pas, ils n'ont pas envie d'entendre parler de ces sujets. » Pourtant Tahnee met en scène les déboires de son quotidien à la façon d'autres humoristes (hétérosexuels et grand public) comme Florence Foresti ou Gad Elmaleh. Dans leurs spectacles, tout tourne autour de l'hétérosexualité sans qu'elle soit nommée. Tahnee le fait avec sa réalité mais, dans son cas, son approche est considérée comme problématique.

Shirley Souagnon, elle, a dû apprendre à dire non à pas mal de choses. Elle a refusé des chroniques chez Cyril Hanouna, qui voulait la cantonner dans un rôle de lesbienne noire : « Je lui ai répondu que ce n'était pas un rôle, mais ma vie. » Cette artiste refuse aussi des rôles au cinéma, des séries, pour ne pas tomber dans les clichés et pour ne pas les subir – on l'appelle soit pour jouer les racailles[1], soit pour des rôles de lesbiennes, comme si elle ne pouvait pas incarner autre chose. « J'ai fait un sketch sur Jean-Pascal Zadi qui m'appelle pour un projet de série. Il me propose de jouer le rôle d'une fille un peu lesbienne. Je lui dis : "À quel pourcentage de lesbienne on a affaire ?" Il me répond : "Non mais il y a juste un bisou." Au final, j'en ai fait un sketch et ça l'a fait rire. L'humour m'a beaucoup

1. Shirley Souagnon a participé au livre *Noire n'est pas mon métier*, essai collectif sous l'impulsion de l'actrice Aïssa Maïga et publié aux éditions du Seuil en 2018. L'ouvrage dénonce les discriminations et les stéréotypes dont les femmes noires sont victimes dans le cinéma français, à la télévision, au théâtre et dans le monde culturel en général.

aidée à passer des messages dans ma vie pour faire réfléchir mes congénères. »

Les chanteuses Aloïse Sauvage et Mélissa Laveaux ont vu aussi leurs opportunités professionnelles se réduire lorsqu'elles ont soudain été déprogrammées d'événements, voire pas programmées du tout. Mélissa Laveaux émet l'hypothèse que c'est à cause de sa « grande gueule ». Elle l'affirme plusieurs fois : elle a du répondant, elle est « non absorbable », selon ses propres termes. « Ils veulent que je joue un rôle plus facile. Moi je suis une lesbienne qui dit les choses et, ça, ça dérange. Pour moi, c'est de la lesbophobie, on va me punir de ne pas être conciliante, de ne pas vouloir rentrer dans la boîte qu'on me propose. »

On retrouve chez Julia Layani cette réflexion : « Comme les lesbiennes font peur à la société, je pense qu'on peut perdre des contrats parce qu'on est lesbiennes. Je pense qu'il y a certaines marques qui ne veulent pas forcément travailler avec nous parce qu'elles ont un peu peur de nous, parce qu'on est lesbiennes, parce qu'on a des grandes gueules et qu'on s'en fiche du regard des hommes. »

Comment mesurer l'impact de l'étiquette lesbienne sur la carrière, sur les occasions probablement perdues à cause du stigmate ? Si l'enquête Voilat nous donnait des chiffres sur les discriminations vécues (pour rappel, 53 % des lesbiennes déclarent avoir subi au moins une discrimination ou une agression au travail), quel est l'outil qui permettrait d'évaluer les discriminations feutrées, indirectes, une sorte de remise au placard en matière de chances et d'opportunités ? Parce que les lesbiennes que nous avons interrogées soupçonnent que quelque chose ne va pas. Mais elles ne peuvent que pressentir l'ampleur du phénomène sans pouvoir apporter une preuve tangible. Chaque lesbienne avec qui nous avons discuté nous a fait part d'une forme de vent contraire, de frein, qui la maintient toujours un peu à la marge. Nous avons retrouvé ces témoignages dans tous les secteurs qu'elles représentent. Mathilde Viot, par exemple, dissèque son expérience au sein de LFI et conclut implacablement : les députés sont tous hétéros et les conseillères quasiment toutes lesbiennes, « mais ensuite ça ne monte pas. Il y a un moment où l'élection est une sorte de plafond de verre ». Pour Marie Labory aussi, quelque chose coince : « Il m'est souvent arrivé de me dire que la façon dont on me répondait, la façon dont j'étais traitée, n'allait pas. » Lorsqu'elle cherchait à faire évoluer sa carrière, elle a passé des entretiens pour les chaînes d'info en continu, tenté sa chance pour animer la tranche de 8 heures à 10 heures du matin : « ce qui est ma compétence, mais la plupart des gens ne me répondaient pas, ou alors on me disait "on est extrêmement flattés, Marie, on aime beaucoup ce que tu fais, mais on n'a pas de place pour toi", alors que je savais qu'ils embauchaient ». Son expérience chez Pink TV ou sa visibilité en tant que lesbienne étaient-elles un obstacle ?

À ce moment de la discussion, nous abordons ensemble la difficulté de mettre les pieds dans le plat en lançant : « C'est parce que je suis lesbienne que je ne suis pas prise pour le poste, le rôle, la mission, le contrat… ? » La suite est déclinable à l'infini. Car la plupart des gens répondront comme on a répondu à Muriel Robin, les yeux levés au ciel, « mais pas du tout », en citant la lesbienne qui cache la forêt. Marie Labory nous explique en détail sa situation :

> Ma carrière a longtemps plafonné. Notamment à Arte, où je suis pourtant restée un moment. Je n'aurais jamais osé en parler il y a quelque temps, parce qu'on a toujours peur de ce que ça peut donner… Mais j'ai tourné le problème dans tous les sens : je faisais de très bonnes audiences, je faisais toutes les émissions compliquées, le public m'aimait bien, j'avais de super retours des enquêtes quali, en somme tout allait bien. Alors qu'est-ce que j'ai, à part être lesbienne ? Ou être mal née, parce que je ne fais pas partie du sérail ? Je n'ai pas fait Sciences Po, je n'ai pas d'entregent, je ne connais personne. Peut-être qu'il y a ça, mais ça ne peut pas être que ça !
> Les gens ne supportent pas que tu parles de lesbophobie. Ils ne supportent pas que tu dises que c'est parce que tu es lesbienne que tu plafonnes et que tu n'y arrives pas. Alors on me répond que j'ai trop de caractère…

Caroline Mecary ne vit pas de plafond de verre car elle est son propre patron. Elle précise néanmoins que, dans son milieu professionnel, il n'y a ni plus ni moins de discriminations ou de racisme qu'ailleurs : « Les avocats ne sont pas les gardiens de la loi, ce sont les ouvriers de la loi. » Au fil de l'entretien, on comprend que son caractère indépendant et sa forte personnalité lui ont permis de traverser les épreuves et faire évoluer la loi depuis 1998, date de la parution de son livre *Les Droits des homosexuel/les* dans la collection « Que sais-je ? ». Elle organise la même année le premier colloque sur le droit et l'homosexualité au barreau de Paris. « Je savais le risque que je prenais, j'avais conscience que j'allais être étiquetée lesbienne et en plus militante. Mais il fallait avancer. » Comme beaucoup de lesbiennes qui ont accepté de nous répondre, le statut de Caroline Mecary lui permet de ne pas être soumise à une hiérarchie directe. Lorsqu'on lui demande si elle a déjà été victime de lesbophobie, elle nous corrige très vite, « j'ai horreur du terme "victime" », puis elle nous dit avec précaution que si elle avait été un homme gay, qui aurait eu un parcours similaire au sien, en incluant les onze livres qu'elle a écrits, elle aurait eu beaucoup plus de notoriété. « Je suis certaine de ça. J'en ai déjà en tant que femme et lesbienne, mais je pense que j'en aurais eu beaucoup plus. Pour moi, c'est une évidence. Mais, là, c'est moins la question de l'orientation sexuelle que la question du genre. » Elle évoque un second point, où elle identifierait peut-être, elle insiste sur le « peut-être », une forme de discrimination :

> Il y a une institution importante à l'Ordre de Paris qu'on appelle la Conférence du stage. C'est une institution vieille d'environ deux cents ans qui consiste à sélectionner chaque année ce qu'on va appeler les douze meilleurs orateurs de l'année et qui vont participer à un concours d'éloquence. À chaque séance, il y a un invité, qui la plupart du temps est un avocat, parfois des tiers. En trente-deux ans, je n'ai jamais été sollicitée pour être l'invitée du concours de la Conférence. C'est invraisemblable parce que, même si ce concours est plutôt lié au droit pénal, il n'y a pas que le droit pénal dans l'éloquence, et lorsque l'on voit comment mon travail d'avocate a fait bouger les lignes de la loi pour les personnes LGBT+, cela pose question. Selon moi, il y a là une discrimination dont ils n'ont même pas conscience. [...] Je ne crois pas qu'il y ait eu une seule lesbienne[1] invitée. C'est de la lesbophobie inconsciente.

1. Note des autrices : une seule lesbienne *out*.

Tout est une question de désir

Revenons sur la première partie de la phrase que Muriel Robin a prononcée sur le plateau de Léa Salamé : « Les lesbiennes ne sont pas désirables. » Elles ne sont pas désirables dans cette société d'hommes, donc elles ne valent rien. Les lesbiennes n'embrassent pas les hommes, elles les embarrassent. Elles ne flirtent pas avec eux et ne sont pas sensibles au rapport de séduction hétérosexuelle, que ce soit au travail ou plus largement dans les différents cadres de sociabilité. Marie Labory en parle avec humour : « Les mecs s'imaginent qu'ils ne peuvent pas jouer avec les lesbiennes, ce n'est pas forcément te draguer, mais c'est cette séduction à la "ma petite chérie", tout ça. » Ils ne peuvent pas le faire, ou alors ils imaginent qu'ils ne peuvent pas le faire avec une lesbienne. Du côté des femmes hétéros, c'est autre chose : la plupart fuient les lesbiennes, parce qu'elles imaginent que celles-ci vont leur sauter dessus dans les vestiaires (alors que, rappelons-le, statistiquement, les agresseurs des femmes sont des hommes hétéros[1]). À l'inverse, un mec gay ne fera ni de l'ombre aux hommes ni peur aux femmes – même s'il rencontrera d'autres problématiques.

1. Les hommes sont les auteurs de 99 % des viols, 97 % des agressions sexuelles et 86 % des homicides. On retrouve ces chiffres dans l'article suivant : « Lucile Peytavin, historienne : "Le coût des violences masculines s'élève à 100 milliards d'euros par an" », *Le Monde,* propos recueillis par Claire Legros, paru le 12 avril 2014.

Le regard des hommes sur les femmes façonne le cinéma, la télévision, les médias et abreuve la société entière de clichés qu'il est difficile de contourner. La comédienne Soraya Garlenq le constate au quotidien : « C'est un métier où, en tant que femmes, on est littéralement des produits. Il faut correspondre à un fantasme, à une case bien prédéfinie. On fait peser ce diktat de la séduction, et il faut être lisse pour qu'on puisse projeter des choses sur toi. Mais, ce qui est sûr, c'est que c'est un métier de séduction, tout le monde se drague, et moi je ne drague pas et je pense que ça m'a coûté. Les gens doivent se dire "ah non pas elle, elle est gouine", et je ne le saurai jamais. »

Shirley Souagnon partage cette analyse : « Il faut que les producteurs et réalisateurs puissent fantasmer sur une fille potentiellement hétéro. C'est malheureux, ce faux fantasme qu'il faut entretenir, il est terrible. C'est aussi jouer le jeu du patriarcat. »

Le refus public de la contrainte à l'hétérosexualité crée ce genre de réactions, car les lesbiennes ne jouent pas le jeu de la séduction, qui est l'un des plus structurants en milieu professionnel et au sein de la société.

La contrainte à l'hétérosexualité et *La Pensée straight*

La critique de l'hétérosexualité comme régime de pouvoir a été formulée par deux théoriciennes féministes à partir des années 1970.

La contrainte à l'hétérosexualité (ou hétérosexualité obligatoire) est un concept forgé par Adrienne Rich (1981) pour mettre en évidence la dimension imposée de l'hétérosexualité. Autrement dit, l'hétérosexualité est tellement naturalisée et idéalisée qu'on ne se rend même plus compte qu'on y est contraint. La contrainte à l'hétérosexualité pèse plus lourdement sur les femmes puisqu'elle repose sur la disponibilité sexuelle des femmes à l'égard des hommes. C'est l'une des raisons principales pour lesquelles le lesbianisme continue d'être nié et sanctionné encore aujourd'hui.

Dans son essai *La Pensée straight* (2001 [1992]) – que l'on peut traduire par la pensée hétéronormative –, Monique Wittig envisage l'hétérosexualité comme une norme qui structure la société, soit un mode d'organisation sociale et une manière de penser le monde. L'hétérosexualité est ainsi vue comme un régime politique qui permet le maintien de la domination des hommes sur les femmes, à travers notamment l'objectification sexuelle des femmes.

Libération du corps et de l'esprit

Il est plus que nécessaire à présent d'aborder l'autre aspect de l'expérience lesbienne et de partager ses dimensions joyeuses et libératrices. Car si la lesbophobie en est la facette douloureuse, il en existe d'autres plus heureuses, qu'on aimerait maintenant développer.

Les hétéros pensent souvent que les lesbiennes font la gueule, et ce n'est pas totalement faux. Cette observation mérite pourtant une nuance : les lesbiennes ne font pas *vraiment* la gueule, c'est un défaut de perception. Les lesbiennes ne rient pas aux blagues sexistes, tout comme elles ne jouent pas non plus le jeu de la séduction hétérosexuelle. C'est aussi simple que ça. On sait à quel point l'injonction à sourire est présente dans la socialisation des femmes, et cette façon de ne pas sourire à tout prix est perçue comme un affront. En dehors de cet aspect plutôt banal, les lesbiennes se préservent surtout de la lesbophobie par anticipation, trop conscientes de ce qu'elles risquent. Pour dépasser le stigmate, elles proposent une façon différente d'être au monde, autrement joyeuse, et cette posture déconcerte la plupart des gens. Être lesbienne, comme dit le slogan, c'est aussi une fête. Et on en a besoin, de fête, pour vivre dans une société qui ne considère ni les familles lesboparentales, ni les figures lesbiennes, ni même les violences faites aux lesbiennes. Cette fête commence par une agentivité, c'est-à-dire une habileté à agir malgré les contraintes, à créer sa place, à se passer du regard des hommes. Être lesbienne et le dire devient alors une ressource pour tracer son chemin hors des sentiers battus.

Le corps est la première libération lesbienne. Le corps a des poils, le corps grossit, il vieillit, il change, il est petit, grand, valide ou non, et la liste est non exhaustive. Sortir de l'hétérosexualité, c'est aussi sortir des diktats dans la mesure du possible, parce que les lesbiennes comme toutes les femmes ont grandi avec la peur chevillée au corps que le leur ne soit jamais parfait. Virginie Despentes en parle très bien : « Je suis tombée amoureuse d'une fille à trente-cinq ans. Et sortir de l'hétérosexualité a été un énorme soulagement. Je n'étais sans doute pas une hétéro très douée au départ. Il y a quelque chose chez moi qui n'allait pas avec cette féminité. En même temps, je n'en connais pas beaucoup chez qui c'est une réussite sur la période d'une vie. Mais l'impression de changer de planète a été fulgurante. Comme si on te mettait la tête à l'envers en te faisant faire un tour complet. Woufff ! Et c'est une sensation géniale. On m'a retiré 40 kilos d'un coup. Avant, on pouvait tout le temps me signaler comme une meuf qui n'était pas assez ci, ou qui était trop comme ça. En un éclair, le poids s'est envolé. Ça ne me concerne plus ! Libérée de la séduction hétérosexuelle et de ses diktats ! D'ailleurs je ne peux même plus lire un magazine féminin. Plus rien ne me concerne ! Ni la pipe ni la mode[1]. »

Marie Labory se décrit à vingt ans comme une petite *butch*. Pour elle, c'est une évidence : sa façon d'être, sans aucune injonction à la féminité, l'a préservée. « Je ne subissais pas du tout la misogynie que plein d'autres filles vivaient. » Elle se remémore : « J'étais autre chose. » On la croit. Au début de son film documentaire *Lesbiennes, quelle histoire ?*[2] on peut voir des photos d'elle à cet âge, elle porte des jeans un peu *loose*, les cheveux courts – c'est le confort qui prime. Ce refus de l'esthétique hétérosexuelle « n'a jamais fait de moi une proie ». D'ailleurs, les mecs se comportaient en bons camarades : « Avec le recul, je crois qu'ils ne devaient pas moins en penser. Entre eux, ils devaient me traiter de grosse gouine, mais devant moi ils n'ont jamais osé. Ils pouvaient passer le bras autour de moi pour rigoler, il n'y avait pas d'enjeu parce que eux-mêmes ne mettaient pas d'enjeux. Ça a changé après, mais à cette époque-là c'était plutôt cool. »

Sortir des rapports de séduction est une vraie libération. Marie Docher en parle aussi puisqu'elle dit qu'il n'y a

1. « Virginie Despentes : "Cette histoire de féminité, c'est de l'arnaque" », *Le Monde*, Annick Cojean, le 9 juillet 2017.

2. *Lesbiennes, quelle histoire ?*, documentaire réalisé par Marie Labory et Florence d'Azémar, diffusé le 17 mai 2023 sur Histoire TV.

pas « ce commerce avec les hommes ». « Et ils le sentent souvent. J'ai de très bons rapports avec les mecs parce que justement on est dans ces relations où il n'y a pas de commerce sexuel. Ils n'ont pas d'obligations et moi non plus. Il n'y a pas de problème de hiérarchie non plus, on se parle d'égal à égal. Eux ne le sentent pas toujours mais, nous, on le sent. »

Mince alors, les lesbiennes peuvent donc s'entendre avec des hommes et ne pas les détester… ? Pour ceux et celles qui en douteraient, ce qu'ajoutent Marie Docher et Mathilde Viot pourra vous éclairer. La première nous explique : « C'est très libérateur, et j'ai pu créer des alliances dans mon travail pour faire avancer la représentation des femmes dans la photographie. Je pense que le fait de me dire lesbienne m'a donné un statut particulier, et puis c'est aussi lié au fait que je sois une femme photographe, que j'aie un certain âge, et surtout que je n'aie aucun compte à rendre aux mecs, en particulier le soir quand je rentre chez moi. »

Il existe donc une autre façon de se situer vis-à-vis des hommes, une fois la question de la séduction évacuée. C'est ce que Mathilde Viot a bien identifié dans le cadre de son travail à La France insoumise :

> À LFI, ce qui est très intéressant, c'est que, sur quatre femmes conseillères de groupes, trois sont lesbiennes. […] Dans ce milieu, je pense que les lesbiennes ne s'embarrassent pas de toutes les

questions que pourraient se poser des femmes hétéros, qui se retrouvent parfois bloquées dans des rapports de séduction. Autrement dit, tu n'es pas ralentie par tous les enjeux hétérosexuels, qui sont très présents en politique. Parce qu'il y a beaucoup de rapports de séduction. [...] Nous, on s'inscrit dans un autre type relationnel. J'ai remarqué que les femmes hétéros avaient plus de mal à faire de même. Moi j'ai senti une vraie libération quand tout le monde a compris que j'étais lesbienne. Ça m'a permis d'avoir des relations plus agréables. D'avoir accès à plus de questions de fond, pour lesquelles j'étais plus sollicitée. Ça m'a donné de la légèreté. Ça va de « ah finalement t'es pas une nunuche » jusqu'au contrecoup dégueulasse de « super, on va pouvoir reluquer les femmes ensemble » de mecs qui n'ont pas vraiment compris le projet féministe.

« Les lesbiennes ne sont pas des femmes »

En 1978, à New York, lors d'une conférence intitulée *The Straight Mind* (« La Pensée *straight* »), Monique Wittig prononce une phrase devenue célèbre qui marque une rupture théorique au sein de la pensée féministe matérialiste : « Les lesbiennes ne sont pas des femmes. »

Dans son texte « On ne naît pas femme » publié en 1980 dans la revue *Questions féministes*, elle écrit :

« "Lesbienne" est le seul concept que je connaisse qui soit au-delà des catégories de sexe (femme et homme) parce que le sujet désigné (lesbienne) *n'est pas* une femme, ni économiquement, ni politiquement, ni idéologiquement. Car ce qui fait une femme, c'est une relation sociale particulière à un homme [...], relation à laquelle les lesbiennes échappent en refusant de devenir ou de rester hétérosexuelles[1]. »

Wittig propose une lecture matérialiste de l'oppression et invite à analyser « les femmes » en tant que classe, « ce qui revient à dire que la catégorie "femme" aussi bien que la catégorie "homme" sont des catégories politiques et que par conséquent elles ne sont pas éternelles[2] ».

Autrement dit, les lesbiennes ne sont pas des femmes, car c'est dans le cadre de l'hétérosexualité qu'une femme est socialement reconnue comme telle.

Cette déclaration a été formulée au moment de l'émergence du lesbianisme politique, en réponse à l'universalisme féminin du Mouvement de libération des femmes, qui plaçait au centre de ses combats un sujet unitaire : les femmes hétérosexuelles, invisibilisant, de fait, les lesbiennes.

1. Monique Wittig, *La Pensée straight*, éditions Balland, Paris, 2001 [1992], p. 52.
2. *Ibid.*, p. 49.

Parce qu'elles sont à un moment ou un autre stigmatisées, parce qu'elles ne correspondent pas aux attentes ou parce qu'elles dérangent, les lesbiennes sont souvent contraintes à faire preuve d'inventivité pour exister autrement. La création d'une place à soi est en quelque sorte la conséquence la plus heureuse du rejet, s'il est possible de le penser en ces termes. Il est douloureux, mais il oblige au mouvement. C'est une question de survie.

En regardant de plus près l'activité professionnelle des enquêtées, nous nous sommes rendu compte que chacune d'elles évoluait le plus loin possible des carcans hiérarchiques, dans un environnement qui leur permettait une plus grande marge de manœuvre.

Shirley Souagnon par exemple a été la première à quitter les plateaux de stand-up classiques pour créer le sien en 2019, le Barbès Comedy Club. Ce mouvement n'est pas né d'une soudaine envie de sa part, mais d'un réel ras-le-bol devant les sketchs sexistes et homophobes de certains humoristes qui pouvaient passer avant elle :

> Il y a des sketchs que j'ai pu entendre comme « on ne naît pas gay, ça n'existe pas, personne ne sort du ventre de sa mère en faisant ouin-ouin » (avec un geste maniéré de l'humoriste)… Quand tu vois que le public est hilare, tu te demandes comment tu peux passer derrière avec ton sketch à toi. Quand tu passes après ça, tu es obligée de

dire que c'est n'importe quoi ce qui vient de se passer, et moi à ce moment-là je n'ai plus très envie de rire avec le public en fait ! Alors je les engueule, et on passe à autre chose. Mais c'est dur parce qu'on part de très loin. On n'a plus envie de rire avec un public qui vient de rigoler à des blagues homophobes. D'où le fait de créer mon comedy club à l'époque, pour éviter de me mélanger avec ce genre de personnes. Je n'en voyais pas l'intérêt.

Faisant les mêmes constats que Shirley Souagnon, Tahnee a cocréé sa propre scène en 2018, le Comédie Love, avec deux autres humoristes, Mahaut Drama et Lucie Carbone (cette dernière a été remplacée par Noam Sinseau). Ce nouveau plateau se veut « bienveillant, féministe et *queer* ». Pourtant, cette initiative a soulevé pas mal de critiques dans le milieu, on leur reproche de se mettre à l'écart, et on leur objecte qu'on ne peut plus rien dire, etc. « On l'a fait parce qu'on ne supportait plus les propos qui se tenaient sur scène. On l'a fait aussi pour avoir l'opportunité de jouer. À l'époque, les plateaux d'humour étaient tenus par des mecs, qui invitaient leurs potes qui sont des mecs, et parfois t'es la seule meuf du plateau. C'est le boys club en loges et tu ne te sens pas bien. C'est un cercle vicieux. Le fait d'avoir créé le Comédie Love a permis d'avoir une discussion dans le milieu, d'amener certains humoristes à se remettre en question quand ils écrivent, ou à faire un peu plus attention quand ils organisent des plateaux. »

Loin du stand-up, Élise Goldfarb et Julia Layani nous expliquent les raisons de leur autonomie absolue. Élise plaisante même en disant qu'être lesbiennes, finalement, c'est littéralement devenu leur métier : « Notre chance, c'est qu'on a monté notre boîte et notre podcast. On a déjoué la peur d'être visibles dans le travail en se disant que ça allait être notre travail, justement. Parce que c'est l'histoire et le combat de notre vie. Quand on était jeunes, Julia disait tout le temps : "Si on est connues, on aura le droit d'être lesbiennes." En fait, si on réussit, nos parents et le monde s'en ficheront qu'on soit lesbiennes, parce que, vu qu'on sera connues, ça passera avant le fait qu'on fasse quelque chose de grave. »

C'est ça, aussi, le génie lesbien : la création, pour soi, de quelque chose qui n'existe pas. Les lesbiennes inventent un statut, une activité et une place au sein de la société qui contreviennent aux normes et dans lesquels elles peuvent s'épanouir en sécurité. Cette nouvelle bulle, construite en dehors du regard des hommes, permet de se protéger des injonctions constantes et des rappels à la norme. Elles peuvent mettre à distance la violence tout en s'exprimant professionnellement ou artistiquement. C'est un espace de liberté obtenu de haute lutte en tant que femmes, pour toutes les femmes.

Incarner un modèle

Être une figure lesbienne publique et reconnue dans sa profession, ou plus largement par le grand public, n'est pas une posture qui va de soi pour les personnalités que nous avons rencontrées. Nous avons été touchées par l'engagement dont elles font preuve dans leurs parcours respectifs. Il y a une forme d'humilité dans leurs discours, dans la mesure où elles ne semblent pas toutes conscientes d'incarner un modèle lesbien, quand bien même elles comblent un manque criant en France. C'est que nous dit Charlotte Bienaimé : « Je ne cherche pas particulièrement à être un modèle, mais si mon travail peut inspirer, ouvrir des horizons, se trouver, c'est tant mieux. Je me dis que ça peut permettre à des jeunes et moins jeunes d'oser. J'ai fait ce coming out public parce que j'ai manqué de modèles justement. Ça me soulage tellement de vivre ce que je vis, c'est plus fort que la lesbophobie, que les risques. »

Même si elles ne prennent pas toujours la mesure de ce qu'elles représentent, toutes reçoivent des messages de remerciements, d'encouragements de la part de lesbiennes, jeunes et moins jeunes, et de leurs proches. Elles y répondent autant que possible et passent beaucoup de temps à écouter, encourager et guider celles qui s'adressent à elles.

Marie Docher est souvent contactée par de jeunes lesbiennes photographes. En fonction des sujets qu'elles choisissent, on peut leur reprocher qu'ils soient trop politiques :

> Dernièrement, j'ai reçu une étudiante diplômée d'un institut national de photo. Elle a travaillé sur des corps lesbiens avec une mise en scène intéressante et elle a failli ne pas avoir son diplôme. Dans les écoles d'art et de photo, personne ne se soucie des représentations de femmes et de lesbiennes. Si elles viennent me voir, c'est qu'il y a peu de personnes visibles à qui elles peuvent parler, qui peuvent les écouter et les accompagner. Je leur réponds toujours et je les reçois parce que j'aurais aimé pouvoir parler de tout ça à leur âge. Je pense que je répare quelque chose. Dans le milieu de la photo, je suis maintenant extrêmement visible et je sais que ça a un impact, donc je fais attention au rôle que je tiens publiquement. J'ai conscience que ça compte énormément pour les jeunes lesbiennes.

Comme Marie Docher, Aloïse Sauvage se sent responsable vis-à-vis de son public. Elle prend le temps de le rencontrer à la fin des concerts, et il lui parle de l'impact de sa musique et de ses prises de parole : « On me raconte que ça a aidé des personnes à faire leur coming out, que les ados écoutent ma musique avec leur mère. » La chanteuse est également passée dans le podcast d'Élise Goldfarb et Julia Layani : « J'ai une responsabilité, je pense, je le ressens dans ce qu'on me renvoie, dans les remerciements. J'ai reçu énormément de messages après mon passage dans le podcast *Coming Out*. C'était presque la première fois que j'en parlais intimement et publiquement. » Les deux entrepreneuses ont elles aussi pris conscience que leur projet a aidé énormément de personnes : « On reçoit des messages de gens qui nous disent qu'ils étaient au bord du suicide et que maintenant ça va mieux. À nos signatures de livres, on rencontre des femmes de soixante-dix ans qui nous disent qu'elles ont fait leur coming out il y a trois ans. » Julia ajoute : « Nous, on vise avant tout les petites ados feujs qui sont dans des familles religieuses et qui n'ont pas de représentations. Et, quand ces jeunes viennent nous voir en disant qu'elles ont fait leur coming out grâce à nous parce qu'on leur ressemble, on est contentes. »

Toutes celles qui ont accepté de participer à ce livre reçoivent ce genre de retours, venant de tous les côtés, Chelcie et Dalila, Mélanie Vogel, tout comme Mathilde Viot. Cette dernière nous raconte : « De jeunes lesbiennes m'écrivent pour me remercier d'avoir pris la parole ou de mentionner dans mon livre que je suis lesbienne. On me demande aussi des contacts d'assos LGBT, à Arles, partout en France. Ça me touche beaucoup. » Ces personnalités sont une source d'inspiration pour les jeunes qui souffrent toujours d'un manque de représentations. Avoir des modèles reste fondamental. Caroline

Mecary se souvient qu'en 1990 elle avait été contactée par la rédactrice en chef du magazine *Lesbia*[1] pour faire la couverture : « J'ai dit non. À l'époque, même si j'étais visible, faire la couverture était une étape supplémentaire que je n'osais pas franchir. Aujourd'hui, je le ferais. J'ai mûri. C'est important de donner de la force aux autres, à celles qui n'ont pas de modèles. Je pense que la figure que je suis devenue est quelque chose qui a pu inspirer de jeunes étudiants ou des gens qui ont voulu devenir avocats. On me le dit régulièrement. »

Tahnee parle de sa surprise lorsqu'elle a découvert que l'association Les sans pagEs[2] lui avait créé sa page sur Wikipédia. Elle découvre avec plaisir qu'elle est y présentée comme *Tahnee, humoriste lesbienne.* « Être visible, ça permet de déconstruire certains stéréotypes sur les lesbiennes. Je parle des lesbiennes parce que ça me rend heureuse, ça me fait rire et ça m'inspire ! » Elle raconte avec une certaine émotion ce moment où une jeune fille a couru vers elle à la Marche lesbienne, des étoiles dans les yeux. Elle avait assisté à son spectacle toute seule car elle n'avait pas osé y aller accompagnée. Après la représentation, Tahnee lui avait accordé de son temps pour qu'elles discutent. Ce jour-là, cette jeune fille lui a raconté son coming out :

1. *Lesbia Magazine* est une revue mensuelle française destinée aux lesbiennes, publiée de 1982 à 2012.

2. Les sans pagEs est un projet né du besoin de combler le fossé et les biais de genre sur Wikipédia.

« Elle est venue me dire comment ça se passait avec ses parents, c'était très émouvant qu'elle se confie et que je la recroise, ça m'a beaucoup touchée. Le choc de faire son coming out, la recherche de modèle, oui, c'est important. »

C'est primordial et, pourtant, les années qui passent ne changent rien au manque de représentations. Avec leur million d'abonnés sur les réseaux, Chelcie et Dalila sont aussi parties d'un manque : « On a décidé de se mettre sur les réseaux sociaux parce qu'on n'avait personne à qui s'identifier, donc on s'est dit qu'on allait être ces personnes-là. » Et ça a marché puisqu'elles cartonnent toujours et reçoivent beaucoup de messages privés. « Ça fait une représentation supplémentaire, dit Dalila, on a reçu des messages de personnes africaines, maghrébines et musulmanes qui ont du mal à s'assumer. Il y a plein de choses qui tournent autour de la religion en message privé et c'est vrai que c'est difficile d'en parler parce que chacun a son rapport à ça. » Toutes les deux sont conscientes de contribuer à une représentation positive des lesbiennes. Elles n'avaient pas prévu cet aspect-là au départ, mais elles nous disent être très conscientes de ce qu'elles peuvent apporter. « On veut que ça dure, qu'on puisse aider d'autres personnes à faire comme nous et que ça se banalise. »

Un modèle engendre toujours un autre modèle en devenir. On l'a vu avec Tahnee, qui avait pour modèle Shirley Souagnon, qui elle-même avait pour modèle Muriel Robin. On l'a vu aussi avec Mélissa Laveaux et toutes les musiciennes qui l'ont inspirée. Mais il y a des sphères moins accessibles que d'autres, moins progressistes, moins libres. C'est ce qu'explique Marie Patouillet, confrontée au milieu sportif, très loin des considérations artistiques.

> Quand j'ai pris la décision de répondre à *Lesbien raisonnable*, je ne l'ai pas fait pour moi mais pour les autres. Je l'ai fait pour que ça puisse aider au moins une sportive. Depuis que je suis *out* publiquement, je reçois des retours positifs de jeunes sportives et de jeunes lesbiennes. Je ne m'attendais pas du tout à ce que ça puisse avoir un impact aussi positif. Moi, la personnalité qui m'a marquée, c'était Marie-José Pérec. Elle a mis du temps à parler du sexisme et de santé mentale. C'est elle, mon modèle, elle m'a fait rêver. L'intime est politique, c'est pour ça que je dénonce le sexisme et la lesbophobie dans le sport. Quand un sportif accepte une sélection en équipe de France, c'est politique.

Se rendre visible en tant que lesbienne a un impact réel sur la vie des autres. Les lesbiennes font partie de la société, elles y contribuent, alors pourquoi trouverait-on anormal qu'elles veuillent en parler librement ? Comme

Alice Coffin, qui a demandé que la mention « lesbienne » apparaisse sur le tract de la liste qu'elle avait intégrée pour la mairie du 12ᵉ. Mélanie Vogel, quant à elle, considère qu'il a été de sa responsabilité d'être visible en tant que lesbienne une fois élue :

> C'est important pour les gens qui en ont besoin de voir que c'est possible d'avoir une vie, de ne pas se cacher, d'être élue et de faire plein de choses. Ça génère des réactions de jeunes qui s'identifient, chose que je n'avais pas du tout avant. Les retours que je reçois me touchent beaucoup. Quand j'étais candidate, je me disais, d'une manière théorique, qu'avoir des représentations, c'est important et qu'il fallait que je dise que j'étais lesbienne. Mais ce n'est pas la même chose quand je reçois un message d'un ou d'une ado qui me disent que c'est dur pour eux et que me voir leur donne de l'espoir et que ça leur permet de se sentir mieux. En réalité, ma visibilité touche des vraies personnes, je vois l'impact sur la vie des autres.

Une vie à soi

Lorsque Sophie s'est autorisée à se dire lesbienne, elle se souvient encore de cette joie qu'elle a ressentie, comme une vérité enfin trouvée et qu'on ne pourrait jamais plus lui enlever. Pour Sarah, être lesbienne et le dire correspond à une émancipation totale qu'elle chérit chaque jour. Ce sentiment puissant est la traduction en émotion de l'expérience de l'acceptation de soi. S'il peut paraître assez banal, il n'en reste pas moins transcendantal quand il arrive dans une vie. Sans rentrer dans la psychologie ou le développement personnel, ce moment de révélation intérieure est généralement accompagné d'une façon nouvelle de se penser au sein de la société. Le corps lesbien n'appartient plus aux regards des autres, le corps lesbien est un corps à soi. Cette manière de s'envisager dans le monde est une aventure personnelle et collective des plus libératrices.

Élise Goldfarb, comme la plupart des personnalités lesbiennes interrogées, a ressenti ce même bonheur. Car, oui, être lesbienne est un bonheur, Élise le répète plusieurs fois : « Quand je pense au fait d'être lesbienne, j'ai envie de sourire, je suis heureuse parce que ça veut dire plein de choses. C'est une délivrance, c'est l'acceptation de soi. Ce n'est pas un choix : je ne suis pas sortie de l'hétérosexualité, on m'a mise dedans contre mon gré. Je n'y suis jamais allée en fait. » Elle plaisante et s'enthousiasme : « Être lesbienne, c'est chanmé, c'est trop frais. J'aurais tellement le seum d'être hétérosexuelle. » Pour Alice Coffin, ça représente aussi la joie : « La joie de pouvoir le dire, d'entendre d'autres le dire. C'est un mot magique qui peut déclencher chez certains beaucoup de violence et chez d'autres une vraie réappropriation. J'adore voir sur les murs de Paris *Être lesbienne est une fête*. C'est une respiration par rapport à ce qui se passe dans l'humanité. »

Être lesbienne est bien plus qu'une orientation sexuelle. Elles sont nombreuses à nous parler de cet état d'esprit particulier. Tahnee parle de « façon de vivre ». Pour elle, comme pour Aloïse Sauvage, c'est surtout d'avoir réussi à être libre et de s'être dégagée des attendus du regard masculin « et des normes qui se posent sur les femmes dans cette société. C'est une libération ! Être celle que je veux être, vivre pleinement et joyeusement mon amour pour des femmes ». Aloïse Sauvage développe cette idée : « C'est être une meuf comme je le décide moi et non par rapport au regard de l'Autre. Quand je pense à ce que c'est qu'être lesbienne, je pense vraiment à la puissance, et c'est une façon de vivre, de voir les choses. »

On a entendu la même chose lors de notre entretien avec Mathilde Viot, pour qui « c'est une libération ». De son point de vue, être lesbienne implique de « ne pas vouloir se conformer aux normes sociales dominantes, et considérer que sa vie est suffisamment importante pour pouvoir la vivre comme on en a envie. C'est une forme de respect primordial de sa propre existence ».

Et puis il y a cette capacité d'ouverture sur le monde qui est peut-être la part la plus méconnue pour le monde hétéro, qui envisage les lesbiennes loin de la réalité. Mathilde Viot le rappelle : « J'aime le courage des lesbiennes, j'aime leur sens de la responsabilité. Il y a une vraie volonté de s'inscrire dans le monde dans lequel on vit, c'est-à-dire de dépasser sa propre existence, sa zone de confort. Les lesbiennes en général essayent de tracer leur route en faisant aussi bouger les choses. Elles sont impliquées, ont de l'empathie, plus que la plupart des hétéros. »

Pour anticiper les réactions que cette phrase pourrait susciter chez certains hétéros, nous précisons que ce n'est pas le cas de tous. #NotAllHetero, bien sûr. Ce dont parle Mathilde Viot, c'est la capacité quasi constitutive de la condition lesbienne à être politique, dans le sens le plus absolu qui soit. Marie Docher est peut-être celle qui l'aborde de la façon la plus concise :

> Pour moi, être lesbienne, c'est un regard décalé sur le monde et, d'ailleurs, je trouve que les lesbiennes sont assez généreuses en règle générale. On le voit bien, il y a beaucoup de chercheuses, de théoriciennes qui sont lesbiennes, elles ne le disent pas toutes, mais nous on le sait. [Rires.]

Quand on est lesbienne, ça veut dire qu'on connaît très bien l'hétérosexualité, parce qu'on en vient, avec toutes les injonctions qui pèsent sur les femmes, et parce qu'on est dans un monde à majorité hétérosexuelle. Ce décalage-là permet d'avoir un regard critique qui aide aussi énormément les hétéros. On peut parler de génie lesbien. [Rires.] J'ai lu ça, un jour : « Les lesbiennes changent le monde, mais le monde ne le sait pas encore », et c'est ça qui est politique, c'est qu'on a ce point de vue critique qui éclaire beaucoup et qui fait qu'on est à un poste d'observation privilégié dans ce monde hétéro. C'est pour ça que je dis souvent que les lesbiennes sont généreuses, elles produisent des écrits qui éclairent plein de choses.

Aloïse Sauvage revient sur cette façon d'être au monde : « C'est une énergie, c'est tellement bien, c'est une attitude aussi, c'est éminemment politique ! » Pour Anna Polonyi, cet aspect politique s'inscrit dans une filiation, dans une lignée de femmes comme Rosa Bonheur : « C'est un choix politique de dire ce mot, ça veut dire "je vis, j'aime comme je veux, et je suis consciente de toute l'histoire, de la lignée de femmes qui ont eu le courage de vivre leur désir et leur vie". Et c'est ça qui me donne l'énergie de dire ce mot-là. Moi, j'en suis venue à Rosa Bonheur à travers des recherches sur d'autres femmes, des écrivaines lesbiennes, parce que c'était important pour moi de comprendre cette filiation. »

Avec Charlotte Bienaimé aussi on retrouve cette notion de filiation, de continuum : « Être lesbienne, c'est pour moi la suite de sociabilités fortes entre femmes. C'est lié à tous les territoires féministes que j'ai parcourus. Être lesbienne, c'est surtout une façon d'être au monde, de relationner avec les femmes, de se sentir faire partie d'une communauté politique puissante et joyeuse. »

Transgresser la norme hétérosexuelle se fait en défendant au quotidien un mode de vie et un désir différents. Ce que Marie Labory explique lorsqu'elle dit qu'être lesbienne, ce n'est pas seulement coucher avec quelqu'un du même sexe que soi, « ça, c'est à la portée de n'importe qui. Être lesbienne, c'est le vivre au quotidien, c'est présenter sa compagne à sa famille. C'est le vivre au travail, le vivre auprès des administrations, c'est tout ça, pour moi, être lesbienne aujourd'hui. Plus personnellement, c'est aussi le vivre publiquement. C'est ce que je dis toujours quand les gens me répondent "mais aujourd'hui on s'en fiche, homo ou hétéro, c'est pareil". Non ! Dans la vie quotidienne ce n'est pas la même chose ! Tu peux coucher avec une nana un soir, si le lendemain matin tu vas au boulot et que tu n'es pas obligée de dire que tu pars en vacances avec Stéphanie au lieu de Stéphane, c'est très différent ».

Il n'y a pas d'injonction à dire qu'on est lesbienne, à faire un coming out, surtout si vous sentez que c'est une information qui risque de se retourner contre vous au travail ou en famille. En revanche, si on vous confie cette information, qui est pour nous très précieuse, c'est une obligation de ne pas y répondre par un haussement d'épaules accompagné d'un « je m'en fous », ou par une tirade sur le fait que tout va bien et que maintenant ce n'est plus un problème. Le dire publiquement est une prise de risque. L'entendre à sa juste mesure est d'utilité publique. Pendant des années, Mélanie Vogel n'a pas trouvé si important de le dire : « Mais depuis que j'ai des responsabilités politiques je le dis, parce que ça a une utilité politique. Dans l'espace public, dans le monde dans lequel on est en 2023, se dire lesbienne, c'est affirmer qu'il existe un autre chemin que l'hétérosexualité dans la vie. Ça a une utilité pour toutes les lesbiennes qui peuvent s'identifier à ce parcours. Au-delà de ça, c'est aussi rendre visible un mode de vie en dehors du cadre hétérosexiste et, ça, c'est puissant. »

Conclusion

Avant ce livre, nous recensions des témoignages anonymes de lesbophobie, dont nous laissions des traces écrites en les diffusant sur Instagram. Ils étaient écrits en gros, sur un fond coloré. On montrait la violence, sa réalité crue.

Avec ce livre, nous sommes parties à la rencontre de personnalités pour comprendre les enjeux de la visibilité lesbienne en France, ce qui était commun à cette visibilité et ce qui pouvait résonner avec la condition lesbienne de manière plus générale. À la fin des entretiens, nous posions invariablement cette dernière question : « Pourquoi avez-vous accepté de participer à ce projet de livre ? »

La réponse qui est revenue le plus souvent concernait le triptyque effacement, invisibilisation et visibilité, trois facettes très proches d'un phénomène qui touche les lesbiennes.

C'est ce qui a motivé la plupart de nos enquêtées à nous rejoindre, toutes y ont fait référence à leur manière, car c'est bien ce qui est au cœur de la lesbophobie : l'effacement et l'invisibilisation des lesbiennes, de leur présence, de leur existence à travers l'Histoire et des violences qu'elles subissent. C'est cet aspect qui a été décisif pour Mélissa Laveaux et pour qu'elle accepte de nous rencontrer : « J'ai dit oui à votre projet parce qu'on ne parle pas assez des lesbiennes, il y a une volonté d'effacer les lesbiennes dans la société. Et cet effacement est violent. Les initiatives comme la vôtre sont toujours bienvenues, et je serai toujours contente d'apprendre que telle ou telle personne est ouvertement lesbienne. »

Fatima Daas a posé comme corollaire le besoin d'avoir des modèles : « La visibilité lesbienne, ça a été quelque chose d'important dans ma vie. Dès que j'ai pu, j'ai rencontré d'autres lesbiennes pour parler du fait d'être lesbienne, racisée et musulmane en France. Je pense qu'on n'en parle pas assez, qu'on ne comprend pas bien le sujet. C'est vraiment important d'avoir plusieurs points de vue de lesbiennes *out* en France, de comprendre comment elles l'ont vécu. Ça n'a jamais été fait dans un livre. Donc ça permet de montrer ce qu'on vit, différemment et collectivement. Souvent, tu as beau en parler, ce n'est pas entendu. »

Marie Docher fait, quant à elle, partie d'une génération où la clandestinité allait de pair avec une vie lesbienne : « J'ai dû mentir pendant des années et c'était quelque chose de lourd et stressant, et en même temps c'étaient nos vies ! Il faut plus de visibilité parce que ça reste violent pour beaucoup de jeunes. Si moi aussi je contribue à rendre visibles des parcours lesbiens, c'est pour qu'il y ait une meilleure compréhension. Je suis convaincue que c'est important. »

On retrouve cette démarche chez Julia Layani : « La lutte contre la lesbophobie est notre combat principal. Il y a trop peu de femmes qui sont visibles et qui parlent de ce sujet précis, c'est très important. » Élise Goldfarb ajoute qu'au-delà de la lutte contre la lesbophobie c'est la lutte pour la visibilité lesbienne qui est déterminante. « On n'est pas confrontées à de la lesbophobie tous les jours, mais à l'invisibilisation, oui. Donc dès qu'on nous propose quelque chose sur les lesbiennes, évidemment, on prend le temps de le faire. »

Prendre la parole en tant que figure médiatique est une façon de s'engager et d'être visible – peu importe que ce soit dans un grand média ou non, d'ailleurs. C'est la stratégie de Marie Patouillet : « J'ai aussi conscience que, dans le milieu sportif, ce n'est pas en passant par les grandes voies qu'on arrive à changer les choses. C'est en allant vers plein de projets plus petits. Votre proposition avait du sens. Ça répond à ce qui m'anime, à mon engagement. Cela n'aurait pas été honnête de dire non. C'était évident pour moi de le faire, je ne me suis même pas posé la question », et on l'en remercie chaleureusement.

De notre dernière question a émergé une autre réponse dans la plupart des entretiens, que nous n'avons pas encore abordée dans ce livre : il s'agit des archives. Toutes ont parlé de la nécessité de laisser des traces, d'archiver nos vécus en tant que lesbiennes, comme le mentionne Tahnee :

« J'ai dit oui parce que je trouve génial de témoigner et d'inscrire nos histoires dans un livre. D'archiver. Moi aussi j'essaye d'écrire, de laisser des traces, c'est important pour les générations futures et la postérité lesbienne ! » Même si Shirley Souagnon a pour sa part longuement hésité avant d'accepter, c'est cet aspect qui l'a convaincue de nous rencontrer : « L'idée de faire un livre qui propose un état des lieux et qui va durer dans le temps me plaît. Un livre, ça inscrit, ça permet l'analyse. Historiquement c'est important. »

Alice Coffin renchérit : « Je trouve qu'il y a encore des sujets inexplorés de la question lesbienne. On peut avoir l'impression qu'on en parle, mais ils ne sont jamais abordés. Je crois beaucoup en la valeur de poser les choses et que ça reste. Donc que ce soit un livre, c'est important. »

Enfin, la dimension collective du projet a été tout aussi décisive dans la participation de chacune à notre livre. Charlotte Bienaimé l'exprime avec bonheur : « Je trouve ça superbe de rassembler toutes ces personnes-là, et j'ai envie d'en faire partie. Pour moi, c'est une fierté d'avoir choisi cette vie. Le dire publiquement, c'est aussi dépasser la lesbophobie. J'avais envie d'être avec les autres, je trouve ça beau d'être réunies. » Se dire publiquement lesbiennes ensemble, avoir une parole collective est ce qui nous a toutes portées dans ce projet. Comme le résume Aloïse Sauvage : « C'est fou de se rendre compte qu'on s'aide en racontant nos expériences. Ce livre va servir à beaucoup de gens. J'ai envie d'en faire partie et de faire bouger les choses. J'y crois en tout cas ! Et j'ai peur, mais je vous parle quand même. Parce que ma peur ne m'aura pas. Je préfère avoir peur et ne pas me taire que de vivre dans le silence en étant faussement sereine. Je n'ai pas le choix, je n'ai pas envie de conseiller ce que je ne ferais pas, de conseiller de vivre dans la peur et dans le silence. J'ai envie qu'on soit de plus en plus nombreuses pour que ça ne soit plus un sujet. Finalement, l'un dans l'autre, on n'a pas vraiment le choix si on est de celles qui veulent faire de leur existence quelque chose de lesbien, donc de puissant. [Rires.] »

« On se lève et on se casse », c'est un moyen génial et courageux de dire non. S'asseoir et écrire aussi. Tous les moyens sont bons pour s'opposer à un système qui reproduit des rapports de domination. Écrire, c'est laisser des traces, c'est garder des preuves. C'est lutter contre l'effacement des lesbiennes en leur donnant la parole, c'est donner accès aux vécus de lesbiennes à d'autres générations en leur proposant des représentations qui nous ont tant manqué. Et c'est parce que nous nous situons à cet endroit qu'on appelle une communauté, non pas au sens communautariste du terme, qui est une notion qui fait trembler la pensée réactionnaire, mais bien dans ce qui apparaît être une communauté de destin, que nous avons voulu ce livre choral. Nous partageons la même marge et nous voyons bien que la plupart des trajectoires lesbiennes sont conditionnées par les réalités extérieures qui s'imposent à elles de la même façon. Ce livre a été l'occasion dont nous rêvions pour documenter notre expérience collective, en donner un aperçu à un instant précis et en être fières. Car nous avons tout à gagner à nous dire lesbiennes ensemble.

Bibliographie

Podcasts

« Nos désirs font désordre », *Un podcast à soi*, Arte Radio, Charlotte Bienaimé, le 6 janvier 2023.

« Contraint·es à l'hétérosexualité », *Camille*, Binge Audio, Camille Regache, le 5 décembre 2019.

« Sortir les lesbiennes du placard », *La Série documentaire*, France Culture, Clémence Allezard, Perrine Kervran, le 4 novembre 2019 (4 épisodes).

« Entre femmes », *Un podcast à soi*, Arte Radio, Charlotte Bienaimé, le 5 décembre 2018.

Documentaires

Lesbiennes, quelle histoire ?, documentaire réalisé par Marie Labory et Florence d'Azémar, diffusé le 17 mai 2023 sur Histoire TV.

Le Cas Rosa Bonheur, série documentaire réalisée par Carole Cassier et Anna Polonyi, diffusée le 24 avril 2022 sur YouTube (4 épisodes).

Articles de revues scientifiques

Stéphanie Arc et Philippe Vellozzo, « Rendre visible la lesbophobie », *Nouvelles Questions féministes*, vol. 31, n° 1, 2012, p. 12-26.

Line Chamberland et Christelle Lebreton, « Réflexions autour de la notion d'homophobie : succès politique, malaises conceptuels et application empirique », *Nouvelles Questions féministes*, vol. 31, n° 1, 2012, p. 27-43.

Natacha Chetcuti-Osorovitz et Sarah Jean-Jacques, « Usages de l'espace public et lesbianisme : sanctions sociales et contournements dans les métropoles françaises », *Cahiers de géographie du Québec*, vol. 62, n° 175, 2019, p. 151-167.

Combahee River Collective, « Déclaration du Combahee River Collective », *in* « (Ré)articulation des rapports sociaux de sexe, classe et "race" », *Cahiers du CEDREF*, vol. 14, 2006 [1978], p. 69-104.

Waruguru Gaitho, « Curing Corrective Rape: Socio-Legal Perspectives on Sexual Violence against Black Lesbians in South Africa », *William & Mary Journal of Race, Gender, and Social Justice*, vol. 28, Issue 2, 2022, p. 329-362.

Mari Matsuda, « Beside My Sister, Facing the Enemy: Legal Theory Out of Coalition », *Stanford Law Review*, vol. 43, Issue 6, 1991, p. 1183-1192.

Laura Mellini, « Entre normalisation et hétéronormativité : la construction de l'identité homosexuelle », *Déviance et Société*, vol. 33, 2009, p. 3-26.

Émilie Morand, « Les "plaisanteries" des collègues de travail : terrain d'oppression et de résistance à la violence pour les personnes LGBTQ+ », *Genre, Sexualité & Société*, n° 30, 2023.

Anne Revillard, « L'identité lesbienne entre nature et construction », *Revue du Mauss*, n° 19, 2002, p. 168-182.

Adrienne Rich, « La contrainte à l'hétérosexualité et l'existence lesbienne », *Nouvelles Questions féministes*, n° 1, 1981, p. 15-43.

Ouvrages

Stéphanie Arc, *Identités lesbiennes. En finir avec les idées reçues*, Le Cavalier Bleu, collection « Idées reçues », 4e édition, Paris, 2024.

Christine Bard, *Les Garçonnes. Modes et fantasmes des Années folles*, Autrement, un département des éditions Flammarion, Paris, 1998.

Natacha Chetcuti-Osorovitz, *Se dire lesbienne. Vie de couple, sexualité, représentation de soi*, Payot, Paris, 2010.

Alice Coffin, *Le Génie lesbien*, Grasset, Paris, 2020.

Christine Delphy, *Classer, dominer. Qui sont les « autres » ?*, La fabrique, Paris, 2008.

Marie Docher, *Et l'amour aussi*, La Déferlante, Paris, 2023.

Didier Eribon, *Réflexions sur la question gay*, Librairie Arthème Fayard, 1999.

Erving Goffman, *Stigmate : les usages sociaux des handicaps*, Éditions de Minuit, Paris, 1975 [1963].

Sarah Jean-Jacques, *Des lesbiennes dans la ville : entre visibilité et invisibilisation. Expériences et pratiques des espaces publics à Paris*, thèse de doctorat (non publiée), université Paris Cité, 2023.

Anna Klumpke, *Rosa Bonheur, sa vie, son œuvre,* Flammarion, Paris, 1908.

Eve Kosofsky Sedgwick, *Épistémologie du placard,* Éditions Amsterdam, Paris, 2008.

Jean-Yves Le Naour et Catherine Valenti, *Et le viol devint un crime,* Vendémiaire, Paris, 2014.

Éléonore Lépinard et Sarah Mazouz, *Pour l'intersectionnalité,* Anamosa, Paris, 2021.

Audre Lorde, *Sister Outsider : essais et propos d'Audre Lorde sur la poésie, l'érotisme, le racisme, le sexisme…,* Mamamélis, Carouge-Genève, 2003 [1994].

Émilie Morand, *Tous hétéros au boulot ? Jouer et déjouer les normes de genre et de sexualité au travail,* La Route de la Soie éditions, collection « Méta de choc », Paris, 2024.

Lucile Peytavin, *Le Coût de la virilité,* Éditions Anne Carrière, Paris, 2021.

Suzette Robichon, *Rosa Bonheur. « Ceci est mon testament… »,* Éditions iXe, Paris, 2012.

Monique Wittig, *La Pensée straight,* éditions Balland, Paris, 2001 [1992].

Chapitre d'ouvrage

Rostom Mesli, « Placard », *in* Juliette Rennes (dir.), *Encyclopédie critique du genre,* La Découverte, Paris, 2016.

Enquêtes

Étude sur la visibilité lesbienne au travail (Voilat), L'Autre Cercle et Ifop, 2022.

Lesbophobia, an Intersectional Form of Violence, EuroCentralAsian Lesbian* Community, 2021.

Enquête sur la visibilité des lesbiennes et la lesbophobie, SOS homophobie, 2015.

We'll Show You, You're a Woman. Violence and Discrimination against Black Lesbians and Transgender Men in South Africa, Human Rights Watch, 2011.

L’Observatoire de la lesbophobie

L’Observatoire de la lesbophobie est le premier centre de documentation et de ressources en ligne sur les parcours lesbiens et la lesbophobie, créé officiellement le 17 mai 2022. Il s’agit d’une structure indépendante et bénévole (association loi 1901) qui a reçu le soutien du Fonds de dotation féministe et lesbien (LIG). Le site Internet de l’observatoire réunit un ensemble de ressources (culturelles, universitaires, associatives et institutionnelles), un formulaire où les lesbiennes peuvent témoigner d’actes ou de paroles lesbophobes, un annuaire associatif ainsi qu’une liste des structures qui proposent une écoute, une aide et un accompagnement pour celles qui en ont besoin.

Pour aller plus loin nous vous invitons à visiter notre site Internet, notamment l’onglet ressources, qui regorge de références : www.observatoiredelalesbophobie.org.

Remerciements

Nous remercions Alexane Lepoan, notre éditrice, pour son écoute, son enthousiasme et son accompagnement tout au long de cette aventure. Nous remercions également Marie Eugène pour son implication déterminante dans la concrétisation de ce livre, ainsi que toute l'équipe de HarperCollins. Enfin, nous tenons à remercier chaleureusement les personnalités qui nous ont accordé leur confiance. Sans vous, ce livre n'aurait pas été possible.

Édité par HarperCollins France

Composition et mise en page
Nord Compo à Villeneuve-d'Ascq

Achevé d'imprimer en août 2024.

FIRMIN-DIDOT

à Mesnil-sur-l'Estrée (Eure)

Dépôt légal : septembre 2024.

Pour limiter l'empreinte environnementale de ses livres, HarperCollins France s'engage à n'utiliser que du papier fabriqué à partir de bois provenant de forêts gérées durablement et de manière responsable.

Imprimé en France